개인의 삶과 가치, 개성과 욕망을 소비하는
라이프스타일 비즈니스가 온다

개인의 삶과 가치, 개성과 욕망을 소비하는
라이프스타일 비즈니스가 온다

최태원 지음

한스미디어

라이프스타일,
미래 비즈니스 모델의
가장 확실한 해답

20년의 기획 업무 경험과 신사업 경험을 바탕으로 개인 창업을 결심하고 회사를 나왔다. 회사 안에서의 신사업은 주로 기존 사업과 연관된 사업이거나 해외에서 유행하는 사업, 수익성이 좋은 사업을 위주로 선정하고 추진한다. 하지만 회사를 나온 후 나는 내가 좋아하고 잘 할 수 있는 일을 하고 싶었다. 그래서 사업 준비라기보다는 나를 찾고 이해하는 공부를 시작했다. 그 와중에 라이프스타일 비즈니스에서 새로운 깨달음을 얻게 된 것은 행운이었다. 나는 라이프스타일이라는 개념부터 시작해, 세계적으로 유행하는 라이프스타일들, 그리고 전 세계의 성공한 라이프스타일 기업들과 소규모 샵들을 꼼꼼히 살펴보았다. 이들로부터 진정한 라이프스타일 비즈니스란 무엇이고, 어떻게 하면 라이프스타일 비즈니스로 성공할 수 있을지 찾고자 했다.

한국의 1인당 국민소득은 큰 이변이 없다면 2018년에는 3만 달러를 넘어설 것으로 예측된다. 1인당 국민소득이 3만 달러를 넘는 국가를 순서대로 살펴보면 미국, 싱가포르, 홍콩, 스웨덴, 핀란드, 독일, 일본, 영국, 프랑스 등 소위 잘 먹고 잘 사는 나라들이다. 이들 국가에서는 국민소득 2만 달러의 나라에서는 잘 보이지 않는 사회적 현상이 나타나는데, 이것은 한 마디로 '라이프스타일 다양화'라는 말로 표현할 수 있다. 이들 국가의 사람들은 획일적인 성공 지향의 삶의 방식에서 벗어나 행복하게 사는 자신만의 방식을 추구한다.

소득이 일정 수준을 넘어서면 소비 방식에 변화가 오고, 새로운 비즈니스 형태가 등장한다. 남들과 똑같은 의식주 생활 패턴을 버리고 자기만의 소비 개성을 찾기 시작한다. 이 말은 소비가 삶의 필요를 채우는 수단을 넘어 개성을 표현하는 방식이 된다는 의미다. 같은 곳으로 몰려가 같은 것에 돈을 쓰는 모방 소비와 과시형 소비가 점차 사라지고, 나만의 공간과 나만의 취미생활을 찾아 나서게 된다. 따라서 좋은 대학, 대기업 취업, 결혼, 출산으로 이어지는 인생 공식에 목매지 않고, 좋아하는 일을 하면서 행복에 지장이 없는 수준의 수입을 버는 소규모 사업들이 번성하는 것이다. 이것이 잘 사는 도시들에서 개성 있는 소규모 샵들과 골목 상권이 번성하는 이유이다.

이런 거시적 변화가 지금 한국에서 일어나고 있다. 이것은 최근에 일고 있는 라이프스타일 붐과 무관하지 않다. 뒷골목의 작은 카페들이 동네를 넘어 유명세를 타고, 문을 닫았던 독립서점들이 다시 하나둘 생기기 시작했다. 나이를 막론하고 자신만의 취미생활을 찾고 여기에 시간과 돈을 아끼지 않는 사람들이 늘고 있다. 맘에 드는 공간을 찾아가는 것을 넘어 자신만의 공간을 만들고 꾸미는 데 돈을 쓰기 시작하면서 인테리어 샵들이 뜨기 시작했다. 이케아와 함께 휘게, 라곰, 피카 등 북유럽 라이프스타일이 인기를 얻고, 1인 가구 중심으로 미니멀 라이프스타일이 부상하는 것도 라이프스타일 다양화의 현상이다. 직장생활을 언제까지 할 것인가? 얼마나 많은 돈을 벌어야 행복할 것인가? 어떤 삶을 살아야 죽을 때 후회 없이 행복했다고 말할 수 있을까? 이런 질문들이 국민소득 3만 달러 시대를 사는 사회와 개인이 함께 겪게 되는 고민이다.

라이프스타일 붐이 일자 국내외 유통, 제조기업부터 소규모 편집 샵까지 앞다투어 자신들이 '라이프스타일 샵'임을 표방하고 나섰다. 하지만 진정한 라이프스타일 샵이란 단순히 예쁘고 신기한 물건을 모아놓고 파는 곳이나 럭셔리하게 꾸민 카페는 아니라는 생각이 들었다. 그리고 해외의 비싸고 고급스러운 물건들을 가져다가 과시 소비를 조장하는 일부 편집 샵들도 아니었다.

진정한 라이프스타일 비즈니스란 내가 좋아하는 것을 함께 좋아해주는 고객들과 함께 즐기고, 이것을 접해보지 못한 사람들에게는 새로운 삶의 방식을 제안하고 그 매력에 끌어들이는 새로운 접근 방식의 비즈니스다.

라이프스타일 비즈니스의 부상을 예상하는 또 하나의 이유가 있다. 비즈니스의 수익성은 항상 희소성에 의존해 왔다. 가장 희소한 것을 가진 자가 가장 높은 이익을 가져간다. 미래 사회의 가장 큰 희소자원은 무엇일까? 자본, 기술, 인재, 정보? 세계화는 금융과 인력의 희소가치를 떨어뜨렸고, 기술 수준은 상향평준화되어 투자에 비해 소비자가 느끼는 가치 증가는 거의 없는 수준에 이르렀다. 그리고 인터넷과 모바일의 발전은 한 조직이 가지는 정보의 독점 기간을 매우 짧게 만들고 있다. 반면에 소비자는 직감적으로 기업과 광고의 진정성을 파악해 내며, 언어장벽 없이 전 세계로부터 정보를 얻고 평가한다. 심지어 기업을 능가하는 생산자로 변신하기도 한다.

이런 변화의 흐름 속에서 미래 모든 비즈니스의 가장 희소한 자원은 바로 '고객'이 된다. 동네가게부터 대기업까지 규모에 상관없이 진정한 고객을 얼마나 많이, 오래 보유하고 있느냐가 사업의 생존과 번성을 좌우하게 된다. 이것은 퍼스널 브랜드를 만들고자 하는 1인 창작가나 개성 있는 매장이나 사업을 시작하려는 개인 사업자에게도 해당된다. 수많은 제품과 브랜드를 가진 대기업도 피해갈 수 없는 흐름이다.

진정한 고객은 브랜드를 믿고 따르며 브랜드와 평생을 함께한다. 이런 고객을 만들고 유지하는 방법은 여러 가지가 있겠지만, 기업 자신과 기업에 속한 모든 브랜드가 라이프스타일 브랜드가 되는 것이 가장 효과적임을 깨달았다. 라이프스타일 브랜드는 고객이 꿈꾸는 삶을 지원하며, 가격경쟁의 늪에서 빠져 나와 든든한 팬을 얻는다.

어떤 규모와 형태의 비즈니스든 라이프스타일을 파는 라이프스타일 비즈니스가 되지 않고는 미래 경쟁 환경에서 살아남을 수 없다. 적어도 라이프스타일 비즈니스는 미래 희소자원인 '평생 고객'을 선점함으로써 그렇지 못한 비즈니스보다 경쟁 우위에 서게 될 것이다.

라이프스타일 비즈니스로의 변화는 기업에게는 경영철학부터 프로세스, 마케팅 방식까지 고객 중심으로 바꾸는 근본적인 혁신을 요구하며, 개인에게는 자신의 과거 경험을 되돌아보고 미래 인생 목표와 라이프스타일을 정하는 결심을 필요로 한다. 기업이든, 개인이든 '어떻게 살 것인가'라는 근원적인 질문이 라이프스타일 비즈니스의 철학을 이루며, 성공한 라이프스타일 비즈니스 사례들은 그 자체로 이 질문에 대한 자신만의 답을 찾는 데 힌트를 주는 매력적인 라이프스타일을 제안한다.

이 책은 나 스스로가 라이프스타일 비즈니스를 시작하기 위한 준비로 시작되었지만, 미래 변화에 맞춰 창업을 하고 자신의 비즈니스와 브랜드를 혁신하고자 하는 모든 사람들에게 도움이 될 것이라 생각한다.

지은이 최태원

― 목차 ―

프롤로그 | 라이프스타일, 미래 비즈니스 모델의 가장 확실한 해답 · 004

1장 라이프스타일이란 무엇일까?

1 · 인생을 이해하는 열쇠, 라이프스타일 · 015
2 · 라이프스타일은 현실적이며 이상적이다 · 024
3 · 라이프스타일은 개인적이며 관계적이다 · 031
4 · 라이프스타일은 고정적이며 유동적이다 · 039

2장 세계적으로 유행하는 라이프스타일

5 · 웰빙 / 비건 / 그린 라이프스타일 · 049
6 · 미니멀 심플 라이프스타일 · 061
7 · 럭셔리 백만장자 라이프스타일 · 069
8 · 휘게 / 킨포크 / 라곰 라이프스타일 · 078
9 · 그 외에 다양한 라이프스타일들 · 087

3장 라이프스타일 비즈니스가 온다

10 · 진짜 무한경쟁은 이제 시작이다 · 095
11 · 새로운 소비자가 오고 있다 · 105
12 · 기존 마케팅은 가장 중요한 것을 놓쳤다 · 115
13 · 라이프스타일을 팔아라 · 122
14 · 고객이 아닌 팬을 얻어라 · 132
15 · 세계 어디에나 내가 찾는 라이프스타일은 있다 · 138

4장 브랜드 혁신, 라이프스타일 브랜드

16 · 몰락하는 브랜드 · 147
17 · 하나의 브랜드, 하나의 라이프스타일 · 154
18 · 라이프스타일 브랜드로의 혁신 · 163
19 · 골목 상권과 퍼스널 브랜드가 뜬다 · 172
20 · 인공지능과 인간의 라이프스타일 제안 대결 · 180

5장 승승장구하는 라이프스타일 기업들

21 · 북유럽의 행복을 제안하다, 이케아(IKEA) · 189
22 · 미니멀 의식주의 모든 것, 무인양품(MUJI) · 198
23 · 환경을 생각한다면 더바디샵? 러쉬(LUSH)! · 208
24 · 건강을 파는 착한 기업, 홀푸드마켓(WFM) · 217
25 · 프리미엄 한식 라이프스타일, 광주요 · 225

6장 개성 넘치는 소규모 라이프스타일 샵

26 · 일본 도쿄의 모리오카 서점, 니콜라이 버그만 스토어 · 241
27 · 홍콩의 쿠오레 프라이빗 키친, 합 모요(合 MOYO) · 250
28 · 미국, 귀네스 팰트로의 굽(goop) · 258
29 · 독일 베를린의 프린세스가든(Prinzessinnengärten) · 263
30 · 서울의 시현하다 사진관, 파아람 티하우스 · 270

7장 나만의 라이프스타일 비즈니스 시작하기

31 · 나의 라이프스타일 발견하기 · 281
32 · 고객 라이프스타일 정의하기 · 289
33 · 라이프스타일 비즈니스 모델링 · 297
34 · 라이프스타일 고객 확인하기 · 315
35 · 작게 시작해 크게 만들기 · 319

에필로그 | 진정한 라이프스타일 비즈니스는 더욱 행복한 삶을 만든다 · 326

| 1장 |

라이프스타일이란 무엇일까?

· Lifestyle ·

라이프스타일 기준으로 남녀를 매칭해 주는 한 데이팅 서비스에서는 신청자들에게 라이프스타일을 확인하는 설문지를 미리 나눠준다. 그중 몇 가지 질문은 다음과 같다.

- 가장 좋아하는 음식은 무엇입니까? 싫어하거나 못 먹는 음식은 무엇입니까?
- 좋아하는 패션 스타일이나 선호하는 옷 색상은 무엇입니까?
- 당신만의 공간이 있다면 어떻게 꾸미고 싶습니까?
- 기분 전환은 혼자서 하는 편입니까? 다른 사람들과 함께하는 편입니까?
- 당신은 성공지향적입니까? 안정지향적입니까?
- 정치적 성향은 어떠합니까? 진보입니까? 보수입니까? 아니면 관심 없는 편입니까?
- 여가시간은 주로 무엇을 하며 보냅니까?
- 최근 가장 관심 있는 주제는 무엇입니까?
- 돈과 시간이 충분하다면 무엇을 하겠습니까?
- 인생의 좌우명은 무엇입니까? 삶의 롤모델은 누구입니까?
- 당신을 표현할 수 있는 5가지 키워드는 무엇입니까?
- 당신이 죽었을 때 다른 사람들이 당신을 어떤 사람으로 기억해 주기 바랍니까?

이 데이팅 서비스는 설문 결과가 가장 비슷한 짝을 찾아 연결해 준다. 같은 음식을 좋아하고, 같은 취미를 가지고, 같은 삶의 지향점을 바라보는 남녀가 만날 수 있는 기회를 제공하는 것이다. 특이한 점은 이 설문에 나이나 외모, 경제력에 대한 질문은 없다는 점이다.
만약 당신과 똑같은 답변을 한 사람이 있다면, 당신과 상대의 라이프스타일은 같다고 말할 수 있을까?

· Business ·

1 인생을 이해하는 열쇠, 라이프스타일

오늘날 우리가 흔히 쓰는 라이프스타일이라는 개념은 심리학자 알프레드 아들러Alfred Adler, 1870~1937의 손에서 탄생했다. 더 거슬러 올라가면 독일 사회학자 막스 베버Max Weber나 미국 경제학자인 소스타인 베블런Thorstein Veblen이 그들의 계급이론에서 한 계층이 공유한 생각이나 행동 특성을 나타내는 의미로 라이프스타일을 정의하였지만, 아들러는 개인에 초점을 맞추어 개인을 이해하는 중요한 도구로써 라이프스타일 개념을 정립하였다. 라이프스타일은 아들러 심리학의 토대가 되는 핵심개념으로, 우리가 라이프스타일을 이해하고 활용하는 데 깊은 통찰을 제공한다.

알프레드 아들러는 지그문트 프로이트Sigmund Freud, 카를 융Carl Jung과 더불어 세계 심리학의 3대 거장으로 불린다. 다른 심리학자와 달리 아들러는 개인의 주체성을 중시하는 개인 심리학을 개척하였다. 특히 그의 이론은 현대에 들어 한 세기를 내다본 생각으로 다시 조명 받고 있는데, 데일 카네기Dale Carnegie나 스티븐 코비Stephen Covey 이론 등 현대 자기계발 이론과 베스트셀러

세계 3대 심리학 거장. 왼쪽부터 차례로 알프레드 아들러, 지그문트 프로이트, 카를 융.
출처: Wikimedia Commons

《미움 받을 용기》와 같은 힐링 에세이의 초석이 되고 있다.

정신과 의사 시절, 그는 심리 상담을 하면서 피상담자의 삶을 이해하기 위해서는 상대의 라이프스타일을 파악하는 것이 중요하다는 것을 깨달았다. 인간은 누구나 삶의 목표가 있고, 이것을 이루는 데 도움이 되는 행동을 선택하고 반복하게 된다. 아들러는 이런 삶의 목적에서 오는 반복적인 사고, 감정, 행동 패턴이 라이프스타일이라고 정의하였다. 즉 한 개인의 자기관, 인생관, 인간관에 대한 인식이 라이프스타일을 결정한다고 생각했다.

· 자기관: 나는 누구인가?
· 인생관: 나는 어떻게 살아야 하는가?
· 인간관: 나와 타인과의 관계는 어떠해야 하는가?

누군가 당신에게 라이프스타일을 묻는다면 무어라 대답할 수 있을까? 혹자는 인테리어 방식이나 옷 입는 스타일로 답할 수도 있겠고, 혹자는 유행하는 트렌드나 최근 취미활동들을 이야기할지도 모르겠다. 또 어떤 이는 자신에게는 특별한 라이프스타일이 없다고 생각할지도 모른다. 우리가 자신의 라이프스타일을 쉽게 설명하지 못하는 이유는 라이프스타일이 인생 목표와 가치관에 연결되어 있기 때문이다. 그래서 아직 가치관이 명확히 서지 않은 어린 아이들에게서는 그들의 라이프스타일을 발견할 수 없다. 나이가 들수록 라이프스타일이 더 뚜렷하게 나타나는 이유도 남은 인생을 어떻게 살아야겠다는 생각이 더 명확해지기 때문이다.

인생 목표와 가치관이 모호한 상태에서 나타나는 행동 패턴은 유행이나 충동에 따른 일시적인 현상일 뿐, 아들러의 시각에서 본다면 이것은 라이프스타일이 아니다. 프로이트나 융이 인간 행동은 성적 욕망이나 정신적 트라우마에 의해 무의식적으로 결정된다고 생각한 반면, 아들러는 인간은 창조적이고 능동적인 선택에 의해 자기 삶을 결정할 수 있으며, 따라서 인간 행동은 삶에 대한 목적성, 즉 라이프스타일에 더 큰 영향을 받는다고 주장했다.

그는 라이프스타일이 일, 사랑, 타인 등 삶의 중요한 주제들에 대한 태도에 영향을 주기 때문에, 역으로 이 태도를 파악한다면 한 개인의 라이프스타일을 이해할 수 있다고 생각했다. 자신의 일을 타인의 삶을 풍요롭게 하는 기회로 여기는지, 아니면 자신이 부자가 되는 수단으로 생각하는지, 또는 자아실현을 위한 창조의 장으로 생각하는지, 생계를 위한 고역으로 생각하는지 등이 일에 대한 태도를 나타낸다. 이처럼 사랑과 타인이 인생에서 어떤 의미를 가지는지도 라이프스타일을 이해하는 중요한 요소라 생각했다.

이후 아들러의 추종자들은 아들러의 세 가지 인생 과제에 자기계발, 가족, 종교, 예술, 자연, 죽음 등의 과제를 더해 라이프스타일을 더 자세히 이해하려고 했다.

아들러에 따르면, 우리가 누군가의 라이프스타일을 안다는 것은 그의 어린 시절의 경험과 그로 인해 형성된 가치관, 그리고 이를 추구하는 데서 나타나는 태도와 행동 패턴을 이해하게 되었다는 말이다. 우리가 자신의 라이프스타일 못지않게, 다른 사람의 라이프스타일을 쉽게 파악하지 못하는 이유도 여기에 있다. 겉으로 나타나는 모습만으로는 이해하는 데 한계가 있기 때문이다.

아들러의 연구는 우리가 라이프스타일을 통해 개인의 행동 패턴을 파악할 수 있는 길을 열어주었다. 패턴을 안다는 것은 다음에 일어날 일을 예측할 수 있게 되었다는 뜻이다. 1950년대 후반부터 소비자 행동을 이해하고 예측하는 마케팅 도구로 라이프스타일을 활용하고자 하는 움직임이 나타나기 시작했다. 마케팅 관점에서 라이프스타일을 정의한 최초의 시도는 1963년, 라이프스타일을 주제로 열린 미국마케팅학회 AMA에서였다. 여기에서 라이프스타일에 대한 다양한 정의들과 통찰력 있는 의견들이 제시되었다.

학회에 참석한 윌리엄 레이저 William Lazer 교수는 라이프스타일을 '전체 사회 또는 그 일부가 가지는 독특하고 특징적인 생활 방식'으로 정의하고, 소비자의 소비 총액과 소비의 구성은 그 사회나 소비자의 라이프스타일을 반영한다고 발표하였다. 이것은 소비자의 라이프스타일을 이해해야 그들의

JAMIE T
TALKING HEADS
TAMARYN
MAN ON EARTH

THE HUMAN ZOO
PRETTY MAIDS ALL IN A ROW

소비 행동을 제대로 파악할 수 있다는 것을 의미한 것이었다.

또 다른 참석자 데이비드 무어David Moore는 라이프스타일을 이렇게 설명했다. "라이프스타일은 삶의 패턴을 제안한다. 라이프스타일 속에서 소비자의 구매는 상호 연결되고 반복적인 현상이 된다. 즉, 소비자는 라이프스타일의 일부로서 제품을 구매한다"고 주장하였다. 라이프스타일이 구매와 소비를 결정한다는 주장들에 더하여, 그는 소비활동 자체도 소비자 라이프스타일의 일부라는 점을 제시했다.

시드니 레비Sidney Levy는 이 학회에서 다른 정의를 내놓았는데, "개인의 라이프스타일이란 작은 상징들로 구성되어 지속적으로 변화하는 하나의 큰 복합 상징이다. 작은 상징은 공간의 특징적인 패턴일 수도 있고, 가치에 부합하는 제품과 서비스, 또는 소비행위 자체일 수도 있다"고 발표했다. 이는 개인의 삶의 목표를 지향하는 태도와 행동들이 하나의 라이프스타일을 이룬다는 아들러의 생각과도 맥을 같이 한다.

여기서 유진 켈리Eugene Kelly는 레비의 생각에 덧붙여 마케팅의 미래를 내다보는 혜안을 보여주었다. 그는 "마케터는 작은 상징이 될 수 있는 개별 제품들을 파는 사람이 아니다. 마케터가 팔고, 소비자가 사는 것은 상징들의 묶음으로 구성된 더 큰 상징 또는 라이프스타일 자체다"라고 말했다. 이것은 '라이프스타일을 판다'는 개념을 최초로 제안한 것이다.

이후에도 라이프스타일에 대한 다양한 정의와 해석은 현대까지 이어지고 있다. 이중 가장 대표적인 해롤드 버크만Harold Berkman과 크리스토퍼 길슨Christopher Gilson의 정의를 살펴보자. 그들은 라이프스타일을 '소비를 결정하고, 동시에 소비에 의해 결정되는 일관된 행동 패턴'으로 정의하였다. 여기에서 '행동'이란 광의의 의미로, 우리가 쉽게 관찰할 수 없는 마음속 활동까지를 포함한다. 따라서 라이프스타일은 겉으로 드러나는 행동뿐만 아니라 대상에 대한 태도, 가치관, 관심, 의견까지 통합된 체계라는 것이다.

이런 마케팅 목적의 라이프스타일에 대한 관심은 소비자의 라이프스타일을 분석하려는 다양한 시도로 이어졌다. AIO분석에서는 소비자가 시간을 보내는 방식인 활동Activities과 중요하다고 생각하는 관심Interests, 그리고 세상에 대한 개인적인 생각인 태도와 의견Opinions를 묻는 질문을 통하여 라이프스타일을 파악하려고 하였다.

밀튼 로키쥐Milton Rokeach는 행동이나 관심 자체보다 이런 것을 일으키는 가치관을 분석하는 도구를 제안했다. 그는 개인마다 여러 가치들에 대한 중요도 차이가 있고, 이 상대적인 중요도를 분석함으로써 개인의 가치관을 파악할 수 있다고 생각했다. 그는 가치 설문RVS: Rokeach Value Survey을 개발하여 36가지 가치 항목에 대한 개인별 차이를 조사했다. 이후 RVS는 가치 항목을 9개로 축소한 LOVList of Values 분석으로 발전했다. VALSValue And Lifestyle는 미국 스탠퍼드연구소SRI에서 개발한 소비자 라이프스타일 분석 도구로, 소비자를 삶에 대한 가치관에 따라 4개 소비집단, 9가지 라이프스타일로 분류한다.

이런 분석도구들은 삶에 중요한 가치 항목을 식별하고, 라이프스타일을 정형화하여 비교해 보는 데 의의가 있었다. 하지만 설문에만 의존하여 소비자의 진의를 파악하는 데 한계가 있었고, 몇 가지 라이프스타일 유형으로 개인별 차이를 지나치게 단순화한다는 단점이 있었다.

라이프스타일 비즈니스가 온다

사람은 살면서 끊임없이 자신의 삶에 대한 고민을 한다. 어떻게 살 것인가? 무엇을 위해 살 것인가? 누군가는 성공에 매진하기도 하고, 다른 쪽에서는 더 천천히 가자고 스스로를 달래기도 한다. 어떤 이는 돈보다 건강하게 사는 것이 최고라 하고, 어떤 이는 남는 건 가족밖에 없다고도 한다. 여기에 옳고 그름은 없다. 방향과 정도의 다름만 있을 뿐이다.

이런 삶의 핵심 가치는 어떤 행동은 더 자주하게 하고, 어떤 행동은 기피하게 만든다. 예를 들어 성공을 목표로 하는 사람은 사업 아이디어를 내고 이를 실행하는 데 적극적이다. 또한 게으름을 삶에서 배제하려고 노력한다. 반대로, 느림을 추구하는 사람은 삶 속에 여유와 게으름을 더 넣으려 노력하고, 스트레스 받는 환경을 피한다.

이런 행동 패턴은 의식주의 형태를 선택하고 소비하는 과정에서도 나타난다. 건강을 최고로 여기는 사람은 맑은 공기와 건강한 유기농 식사, 청결한 옷을 선호한다. 반면에 가족과의 유대감이 중요한 사람은 설령 패스트푸드처럼 건강에는 좋지 않은 음식이라도 가족과 함께 보내는 식사 시간 자체를 더 중요시한다.

이렇게 한 사람의 인생을 관통하는 가치관이 만들어내는 삶의 패턴, 이것이 라이프스타일이다.

2 라이프스타일은 현실적이며 이상적이다

얼마 전 홀로 독립한 A 씨의 원룸은 마치 빈집 같아 보였다. 프레임 없이 바닥에 놓인 싱글 매트리스와 간이 옷걸이 외에는 집 안에 어떤 가구도 없었다. 옷걸이에도 양복과 와이셔츠 몇 벌이 전부였다. 싱크대가 있긴 하지만 그는 집에서 요리를 하지 않는다. 빠듯한 생활비에 맞춰 가급적 소비는 최소화했고, 최근에는 지출을 줄이기 위해 퇴근 후 술 약속까지 줄였다. 과연 A 씨를 요즘 유행한다는 미니멀리스트라고 할 수 있을까?

한국을 포함해 최근 선진국 중심으로 1인 가구가 급속히 늘고 있다. 혼밥, 혼술, 혼자 영화를 보는 혼영, 나홀로 여행에 이어 결혼을 거부하는 비혼족까지

생겨났다. 한국의 1인 가구는 곧 1천만을 돌파한다. 전체 인구의 20%가 혼자 사는 사람인 것이다. 결혼기피, 인구고령화, 이혼율 증가 등 많은 요인들이 1인 가구의 증가를 부채질하고 있다.

이 중 대학생이나 직장인 초년생 등 저소득 1인 가구와 이혼이나 자녀유학 등으로 혼자 사는 중년 남성 1인 가구는 소극적 소비 성향을 보인다. 소비 행동만 보면 이들은 미니멀 라이프스타일을 가졌다고 할 수 있다. 그들의 신용카드 내역을 분석한다 해도 같은 결론을 내릴 것이다. 하지만 이들을 진정한 미니멀리스트라고 할 수 있을까? 아들러의 라이프스타일 정의에 따르면, 인생 목표와 가치관을 살펴보지 않고서는 그들의 정확한 라이프스타일을 판단할 수 없다.

구두쇠처럼 절약하던 사람이 갑자기 장기 유럽여행을 떠난다거나, 채소값도 흥정하던 주부가 비싼 명품가방을 사는 충동구매를 기존의 마케팅 분석 방법으로는 예측하기 어렵다. 하지만 그들의 마음속에는 유럽여행과 명품의 꿈이 항상 자리잡고 있었을 것이다. 현실의 제약이 그들이 꿈꾸는 삶을 살지 못하게 했을 뿐, 그들이 지향하는 삶은 해외여행과 명품들로 채워져 있던 것이다. 이런 관점에서 보면 이들의 소비행위는 충동구매가 아니라 자아실현이라고 표현하는 것이 더 적절할 수 있겠다. 인생 목표와 가치관의 기준에서 본 이들의 라이프스타일은 미니멀 라이프스타일이 아니라, 소득 수준이 낮은 럭셔리 라이프스타일이다. 이런 사람들은 같은 값이면 편의점 도시락보다 서비스가 좋은 식당을 찾는다. 그리고 경제형편이 넉넉해지면 차를 바꾸고 크고 좋은 집으로 이사한다. 그러나 진정한 미니멀리스트는 소득이 올라도 현재의 단순하지만 실용적인 삶의 방식을 유지한다.

라이프스타일은 삶의 목적과 맞닿아 있다. 삶의 목적이란 가슴 속에서 꿈꾸는 이상적인 삶의 모습이다. 현실과 이상의 괴리가 클수록 겉으로 관찰되는 라이프스타일은 충동적이며 일관성이 떨어진다. 심리적 욕구 불만이 가끔 이상적인 삶을 부분적으로나마 누리는 형태로 분출되기 때문이다. 반면에 추구하는 삶을 살고 있는 사람에게는 평소 행동 패턴에서 갑자기 벗어나는 행동이 잘 나타나지 않는다. 이들은 좀 더 안정되고 일관된 라이프스타일을 보여준다.

꼭 필요한 것이 아니면 돈을 쓰지 않는 지인이 일반 물병 가격의 10배나 되는 고가의 보틀을 샀다. 그가 산 보틀은 자전거 부착용으로, 이동 중에도 자전거 몸체에 쉽게 탈착이 가능하고, 한 손으로도 마실 수 있는 세균방지 빨대가 달렸다. 충격에 강하다는 장점도 있다. 평소 자전거 여행을 꿈꿨던 그는 길에서 이 보틀을 달고 푸른 자연을 달리는 자전거 포스터를 발견했다고 한다. 그 풍경 속을 달리는 자신을 상상하니 그는 설레고 심장이 뛰었다고 했다. 그리고 홀린 듯 매장에 들어가 보틀을 사고 말았다. 그에게 그 보틀은 기능이니 품질만으로 설명할 수 없는 가치를 담고 있는 것이다.

《여행의 기술》이라는 책에서 알랭 드 보통은 실제로 사람들은 여행 팸플릿만 보고도 강한 갈망을 느낀다고 하였다. 여행 팸플릿은 사진 하나가 사람의 마음을 얼마나 움직일 수 있는지 보여주는 감동적인, 하지만 진부한 예라고 설명했다. 또 그는 어떤 장소가 아름답게 보이는 이유는 색의 조화

1장 · 라이프스타일이란 무엇인가?

나 대칭과 비례 같은 미학적 기준 때문이 아니라, 그 장소가 나에게 중요한 가치나 분위기를 구현하기 때문이라고 했다. 아름다움은 주관적이고 심리적인 것이다. 다른 사람에게는 스쳐가는 광고일 뿐인 자전거 포스터가 누군가에게는 가슴을 설레게 하는 멋진 영화가 되는 것처럼 말이다.

라이프스타일은 현실적이며, 동시에 미래 지향적이다. 우리의 삶은 현재의 경제여건과 여유시간에 매여 있지만 미래 5년, 10년, 20년 후의 이상적인 삶의 모습을 투영하고 있다. 그래서 라이프스타일은 현실이라는 테두리 안에서 마음이 이끄는 곳을 바라본다. 당장 집 안의 가구를 전부 바꾸지 못하더라도 원하는 분위기를 내주는 소품 하나를 사는 것처럼 말이다. 따라서 현재의 겉모습과 소득수준만으로 라이프스타일을 판단하는 것은 제대로 라이프스타일을 파악한 것이 아니다.

맘에 드는 그릇을 보면 사지 않고는 못 견디는 지인이 있다. 주방 찬장과 거실 장식장에 쓰지 않는 그릇들이 쌓여있는데도 그녀의 그릇 욕심은 멈추지 않는다. 남편은 "그 많은 그릇들이 왜 필요하냐"며 핀잔이다. 자녀 둘을 모두 출가시키고 남편과 둘만 남아 사는 그녀는 거실과 주방을 항상 깨끗하게 정돈해 둔다. 그녀는 왜 그런 행동을 하는 것일까? 이유를 묻자, 자식들이나 가까운 친구들의 갑작스런 방문에 늘 대비해 둔다는 것이다. 그녀가 그릇을 사 모으고 거실을 꾸미는 일은 마음이 시키는 일이다. 그녀는 가족이나 친구들과 함께 웃고 즐기는 시간을 늘 그리며 꿈꾸는 것이다. 그녀에게는 '따뜻한 관계'라는 가치가 돈이나 휴식보다 소중하다. 40년을 함께 살

아온 남편조차 그녀의 삶의 지향점, 라이프스타일을 정확하게 이해하지 못하고 있는 것이다.

라이프스타일이 마음으로부터 시작된다는 것은 개인의 행동 패턴을 파악하고 예측하는 데 있어 어렵지만 매우 중요한 요소이다.

3 라이프스타일은 개인적이며 관계적이다

어린 아이를 산 속에서 성인이 될 때까지 혼자 자라게 두었다고 상상실험을 해보자. 어떤 사람과도 대화할 수 없고 어떤 글과 미디어도 볼 수 없다고 하자. 이 아이는 어떤 가치관과 라이프스타일을 가지게 될까? 자신의 인생을 어떻게 사는 것이 좋겠다고 결론을 내릴까? 어떤 비교 대상이나 기준도 없는 상태에서 완전히 새롭게 가치관을 세우는 것이 가능할까?

동물과 함께 자란 아이들이 발견된 사례는 있었지만 이들에게는 늑대나 들개의 삶이 기준이 되었다. 아마도 아무런 비교 대상 없이 가치관을 세운다는 것은 불가능할 것이다. 그렇다면 가치관에 기반을 둔 우리의 라이프스타일은 어떻게 형성되는 것일까?

우리가 열등감이라는 의미로 흔히 쓰는 '콤플렉스Complex'라는 말도 라이프스타일 개념을 정의했던 알프레드 아들러가 처음 제시한 것이다. 우리는 누구나 한두 가지의 콤플렉스를 가지고 있다. 특히 어린 시절 느꼈던 열등감은 쉽게 잊히지 않는다. 어릴 때 외모나 신체적 장애로 놀림을 받았거나,

가난하거나 폭력적인 가정에서 자랐을 수도 있다. 부모의 무관심 속에서, 또는 반대로 과보호 밑에서 자란 것이 열등감의 기억으로 자리잡기도 한다. 사람은 자라면서 이런 열등감을 보상 받으려는 노력을 하게 되는데, 이것이 개인의 가치관과 라이프스타일을 형성하는 데 지대한 영향을 미친다고 아들러는 생각했다. 이런 생각은 아들러 자신의 경험으로부터 비롯되었는데, 그는 매우 병약한 어린 시절을 보냈고, 이것은 그에게 강한 열등감으로 자리잡았다. 아들러는 이 콤플렉스가 그가 성인이 되어 의사라는 직업을 선택하는 데 결정적인 역할을 했다고 보았다. 그리고 아들러는 출생순서나 성별도 개인의 가치관 형성에 중요한 역할을 한다고 생각했다.

열등감이나 우월감은 타인과의 비교로부터 생기는 강력한 감정이다. 특히 스스로 삶에 대한 어떠한 결정도 할 수 없는 어린 시절에 생긴 열등감은 성인이 되어 이를 보상 받으려는 강력한 동기가 된다. 어릴 때 못 생겼다는 말로 상처를 많이 받았던 여성이 성인이 되어 성형수술 후 예뻐졌다는 말을 듣게 되면 성형 중독에 빠지게 된다. 성형을 통해 그간의 열등감을 보상 받으려는 심리다. 이것은 외모의 아름다움을 추구하고, 스스로를 꾸미는 데 돈과 시간을 들이는 그녀의 가치관과 라이프스타일로 자리잡을 가능성이 높다. 가난한 집에서 자라면서 심한 열등감을 느꼈던 사람은 성인이 되어 부와 성공을 지향하는 라이프스타일을 가질 수 있다. 외롭게 자란 사람은 따뜻한 관계와 화목한 가정을 이루는 꿈을 갖게 될 가능성이 높다.

　　타인과의 차이에서 오는 감정은 성인이 되어서도 라이프스타일에 지속적인 영향을 준다. 대표적인 사례로 존경하는 인물이나 좋아하는 스타의 라이프스타일의 전체 혹은 일부를 모방하는 것을 들 수 있다. 유튜브나 인스타그램과 같은 시각적 소셜 네트워크가 확산되면서 우리는 유명인의 일거수일투족을 알 수 있게 되었다. 그들이 어디에 갔는지, 무엇을 먹는지, 무엇을 입는지, 집 안을 어떻게 꾸며놓고 사는지 볼 수 있다. 보이는 모습뿐만 아니라 미디어를 통해 전달되는 그들의 가치관까지 흡수하면서 우리는 그들의 라이프스타일에 자연스럽게 동화된다.

　　〈효리네 민박〉이라는 리얼리티 TV 프로그램을 통해 이효리, 이상순 부부의 제주도 생활이 공개되었다. 제주시 애월읍 소길리의 푸른 숲 한 가운데 나무와 돌로 지은 친환경 주택은 이효리가 직접 설계했다. 그들은 넓은 마당에서 강아지, 고양이들과 함께 맨발로 뛰어 놀고, 텃밭에서 채소를 직접 가꾼다. 이효리는 아침에 일어나 향을 피우고 남편과 함께 모닝 티의 여유를 즐긴다. 넉넉하고 편안한 옷차림으로 시간을 들여 요가를 하고, 자연식으로 식사를 한다. 이효리가 직접 만들고 수놓은 따뜻한 소재의 인테리어 소품들도 선보였다. 저녁에는 마당 테라스에 앉아 지는 해를 바라보며 티타임을 갖고, 밤이 되면 뒷마당에 불을 피우고 사랑하는 사람들과 작은 파티를 연다. 자연과 여유를 즐기는 그들의 삶의 모습은 많은 사람들의 부러움을 샀다. '저렇게 사는 것도 행복하겠다'는 새로운 삶의 방식도 보여주었다. 소길댁 이효리는 "저희랑 비교하지 마세요"라고 말하지만, 사람들은 비교를 통해 자신의 가치관을 만들고 수정한다.

최근 들어 라이프스타일이 더 인기를 얻는 이유는 이제 유명인뿐만 아니라 일반인들도 자신의 삶의 모습을 공개하고 누구나 이것을 쉽게 접할 수 있게 되었기 때문이다. 나와 비슷한 보통 사람들의 삶도 볼 수 있게 된 것이다. 그중에는 더 끌리는 사람들과 더 끌리는 삶의 방식이 있다. 우리는 거기에 '좋아요'를 누르고, 주변 사람들과 공유하며 댓글을 단다. 더 많은 비교 대상들로부터 우리의 삶의 방식도 끊임없이 영향을 받는다.

라이프스타일 유행에 있어 소셜 네트워크 서비스는 지켜보는 것을 넘어 나도 보여줄 수 있는 기회를 선사했다. '나는 이렇게 산다'는 것을 지인들과 대중에게 보여줌으로써 자신의 라이프스타일은 더욱 강화된다. 미국 로버

트 치알디니 교수의 베스트셀러인 《설득의 심리학》을 보면, 다양한 실험과 실례로 검증된 '일관성의 법칙'이라는 심리 법칙이 있다. 이 법칙은 사람들은 심리적으로 자신이 일관된 사람으로 보이길 원한다는 것이다. 사람은 자신이 지금까지 말하고 행해온 것을 일관되게 하려는, 또는 그렇게 보이려고 하는 강한 욕구가 있다. 공개된 삶의 모습은 하나의 약속이 되어 우리의 라이프스타일을 더욱 공고히 한다. "난 유기농 샴푸를 써요"라고 소셜 네트워크에 자랑했던 사람은 화학성분이 든 화장품을 쓰지 않거나 그런 모습을 감추려고 노력한다. 아니면 자신의 변덕에는 그만한 이유와 변명이 필요하게 된다.

이런 행동은 과시적이지만, 과시적인 것 역시 하나의 라이프스타일이며 효과 좋은 강화제 역할을 한다. 화장품 산업의 세계적인 추세 중 하나는 색조 화장품의 강세다. 최근 몇 년 사이 기초 화장품에 비해 색조 화장품이 빠른 성장세를 보이고 있다. 전문가들은 그 이유를 모바일과 소셜 네트워크 때문이라고 분석한다.

크림이나 로션 같은 기초 화장품은 극적인 효과를 시각적으로 보여주기 어렵다. 반면에 립스틱이나 아이섀도와 같은 색조 화장품은 바로 사진을 찍어 메이크업 효과를 자랑할 수 있다. 이 때문에 세계 여성들은 색조 화장품을 더 많이 구매하고 더 많이 쓰게 된 것이다. 이것은 과시 행위 자체가 전 세계적으로 라이프스타일에 영향을 준 사례다.

라이프스타일은 행동을 결정하지만, 동시에 행동 자체가 라이프스타일을 규정한다. 누군가를 부러워하고 따라 하는 것으로도 나의 라이프스타일은 영향을 받고, 변화한다. 생각이 행동을 결정하지만, 반대로 행동이 생각을 바꿀 수도 있다.

종교에는 다양한 형식들이 있다. 불교에서는 왜 절을 하는 것일까? 절이라는 행동은 무릎을 꿇고 머리를 바닥에 댐으로써 자신을 낮춘다는 의미가 있다. 불교에서 절은 상대방에게 자신을 표현하기 위해 하는 행동이 아니라, 정신 수행을 위한 하나의 수단으로써 반복적인 행동을 통해 생각을 바꾸는 것이다. 이처럼 종교의 많은 형식들은 종교적 라이프스타일을 강화하는 역할을 하고 있다.

가치관이나 삶의 목적은 매우 개인적인 것이다. 따라서 우리는 각자 서로 다른 라이프스타일을 가지고 살아간다. 하지만 우리의 생각과 행동은 사는 내내 타인의 영향을 받는다. 다른 사람의 삶을 부러워하거나 감탄하기도 하고, 자신의 삶을 돌아보거나 반성하고 채찍질하는 기회로 삼기도 한다. 이렇게 우리는 자신의 가치관을 조정하고, 일상의 행동에 변화를 주고, 새로운 습관을 만들려고 노력한다. 라이프스타일은 그렇게 타인과의 관계 속에서 형성되고 수정되고 강화된다. 개인의 라이프스타일에 영향을 줄 수 있다는 것은 라이프스타일이 비즈니스의 대상이 될 수 있다는 근거이기도 하다.

라이프스타일은
고정적이며 유동적이다

성인이 되어 형성된 가치관은 쉽게 바뀌지 않으며, 평생 유지되기도 한다. 그래서 우리는 현실의 제약에 따라 형태는 달라질 수 있어도 어느 정도 일관된 라이프스타일을 유지하게 된다. 라이프스타일은 이상적인 삶의 모습을 지향하기 때문에 삶에서 중요하게 여기는 가치가 변하지 않는 한 라이프스타일은 고정적이다. 평생 '건강'을 가장 중요하게 여기는 사람은 건강에 좋은 활동을 하고, 건강한 삶을 사는 방법에 관심을 갖고, 건강에 도움이 되는 의식주를 선택하는 라이프스타일을 평생 유지하게 된다. 보통 나이가 들수록 가치관은 더욱 확고해지며, 환경 변화는 적어진다. 그에 따라 라이프스타일도 안정된다.

하지만 개인의 라이프스타일은 다양한 이유에 의해 변하기도 한다. 가치관의 변화는 라이프스타일의 근본적인 변화를 동반한다. 타인과의 관계 속에서 변하는 가치관과 라이프스타일에 대해서는 앞장에서 살펴보았다. 우리는 광고 포스터나 여행 팸플릿 사진 한 장에 마음이 흔들리듯, 새로운 경험을 통해 변하기도 한다. 한 편의 영화, 책 한 권, 특별한 여행, 한 사람과의 인연으로 우리는 가치관의 변화를 겪는다.

환경 변화가 라이프스타일을 크게 흔들어 놓는 경우도 있다. 대표적인 경우는 아이의 탄생이다. 첫 아이를 갖는다는 것은 부모의 인생에 큰 변화를 가져온다. 이것은 가정의 소중함과 책임의 엄중함을 깨닫는 가치관의 변화를 수반하기도 한다. 또한 부부 중 육아를 책임지는 쪽은 생활 패턴을 모두 바꿔야 하는 환경에 처하게 된다. 시간 사용 패턴이 변하고, 의식주와 그에 따른 소비 패턴이 급격하게 변한다. 환경 변화와 그로 인한 생활의 변화는 사고방식에도 영향을 미치게 된다. 일에서의 성공을 추구하던 사람이 휴직하고 육아를 하면서 가치관이 바뀌어 전업주부로 남는 경우가 그러한 예이다.

환경 변화로 인한 또 다른 라이프스타일의 변화 사례는 소득의 변화다. 가치관은 크게 변하지 않더라도 행동과 소비 패턴의 변화로 인하여 겉으로 드러나는 라이프스타일에 변화가 일어난다. 소득이 오르면 추구하는 라이프스타일에 맞춰 소비가 늘어난다. 건강을 추구하는 사람은 식단을 유기농으로 바꾸고, 백만장자를 꿈꾸는 사람은 더 좋은 차로 갈아탄다. 빈대로 소득이 줄면 소비가 줄고, 소비행위를 통해 라이프스타일을 표현할 기회는 줄어든다. 소득수준의 갑작스런 변화는 가치관의 변화를 가져오기도 한다. 복권에 당첨된다거나 파산하는 경우 경제적 변화뿐만 아니라 심리적인 변화도 겪게 되는데, 주변 사람들로부터 "사람이 변했다"는 말을 듣게 되는 경우가 그러하다.

해외에서 오래 살게 되는 경우, 그곳의 환경, 문화가 라이프스타일에 변화를 주기도 한다. 덴마크의 '휘게Hygge'나 스웨덴의 '라곰LAGOM'처럼 한 국가의 삶의 방식이 하나의 라이프스타일로 유행하는 것은 문화적 차이가 라이프스타일의 변화를 가져올 수 있다는 증거다.

가치관의 변화를 주기 위해서나, 원하는 삶의 모습과 가까운 환경을 찾아 의도적으로 특정 지역으로 이주하는 경우도 있다. 슬로Slow 라이프를 위해 제주도나 북유럽으로 이주하는 경우가 그러한 예이다. 킨포크 라이프스타일을 유행시킨 킨포크 잡지사는 미국에서 덴마크로 본사를 옮겼고, 이효리는 제주도에 집을 지었다.

새로운 기술이 라이프스타일의 변화를 가져오기도 한다. 인터넷과 스마트폰이 가져온 변화는 단순히 인터넷으로 쇼핑을 하고, 소셜 네트워크로 지인의 동향을 살피는 정도가 아니었다. 인터넷은 우리가 지구 반대편에 존재하는 새로운 가치관과 삶의 방식을 접할 수 있게 하고, 영향을 주고받을 수 있는 가능성을 열어 주었다.

인공지능은 인류의 라이프스타일에 또 한 번 큰 영향을 줄 수 있는 기술이다. 구글의 인공지능 알파고Alpha Go는 기존의 관념을 깬 창의적인 수로 한국과 중국의 최고 프로 바둑기사를 차례로 누르고 승리하며 최고 수준인 프로기사 9단의 자격을 수여 받았다. 이제 더 이상 사람이 컴퓨터를 상대로 바둑에서 승리하기란 쉽지 않은 일이 되었다. 인공지능은 자동통역이나 콜센터에도 점진적으로 도입되고 있는 중이다. 이렇게 인공지능이 사람이 하는

일을 대체하게 되면, 사람들은 자신의 본질과 가치에 대한 고민을 시작하게 될 것이다. 그리고 이것은 사람들의 가치관과 라이프스타일에 큰 변화를 가져올 것이다.

　본질은 변하지 않았지만 바라보는 관점에 따라 다른 라이프스타일로 보이는 경우도 있다. 라이프스타일 분석 기법의 하나인 VALS에서는 소비자의 라이프스타일을 혁신형, 사고형, 성취형, 생존형 등으로 분류한다. 또, 우리는 웰빙, 미니멀, 럭셔리, 휘게 같은 용어로 라이프스타일을 규정하기도 한다. 패션, 음식, 인테리어, 취미 등 카테고리에 따라 라이프스타일을 분석하기도 한다. 한 사람의 라이프스타일이라도 이렇게 보는 관점에 따라 다양한 모습으로 나타난다. 럭셔리 웰빙 라이프스타일처럼 두 가지 이상의 라이프스타일이 복합적으로 나타날 수도 있다. 이 때문에 마케팅 분석 편의를 위해 소비자 전체의 라이프스타일을 몇 가지로 분류하려는 시도는 늘 현실과의 괴리가 존재한다.

라이프스타일이 평생 동안 쉽게 바뀌지 않고 유지된다는 특성은 라이프스타일 비즈니스의 수명을 결정한다. 고객의 라이프스타일이 바뀌지 않는 한, 그는 라이프스타일 비즈니스의 평생 고객이 될 수 있다. 또한 다양한 요인에 의해 라이프스타일은 변화할 수 있는데, 이런 유동성과 다양성은 새로운 라이프스타일 비즈니스가 탄생하는 원동력이 된다.

| 2장 |

세계적으로 유행하는 라이프스타일

· Lifestyle ·

서로 다른 생김새만큼이나 우리는 각자 다른 라이프스타일을 가지고 살아간다. 세상의 라이프스타일을 몇 가지 범주로 나누고 여기에 모든 라이프스타일을 배치하려면 아마도 인구수만큼의 범주가 필요할지도 모르겠다. 따라서 모든 라이프스타일을 몇 가지 유형으로 분류해 규정하려는 시도는 항상 한계를 가진다.

2장에서는 세계적으로 유행하는 대표적인 라이프스타일의 전형적인 모습과 연관된 산업을 살펴볼 것이다. 이것은 라이프스타일 정의에 따른 사례를 살펴봄으로써 개념에 대한 이해를 돕기 위함이지, 모든 라이프스타일을 빠짐없이 검토하거나 분류하려는 시도는 아니다. '세계에는 수많은 언어가 있지만 그중에 영어, 중국어, 스페인어는 이런 특징을 가지고 있다'라는 정도가 될 것이다.

여기에서 설명하는 전형적인 라이프스타일대로 살아가는 사람은 세상에 그리 많지 않을 수도 있다. 정도의 차이도 있고, 복수의 라이프스타일이 복합적으로 나타날 수도 있다. 현실의 제약이 변형을 주기도 한다. 라이프스타일의 전형은 하나의 기준을 제시할 뿐, 정답이나 모범은 아니다.

라이프스타일은 시대에 따라 더 많은 사람에게 받아들여지기도 하고 또 사라지기도 한다. 현대에는 과거 히피나 집시의 삶을 사는 사람은 거의 없다. 하지만 개인의 자유와 다양성을 추구하는 히피의 정신은 욜로YOLO: You Only Live Once 같은 현대 라이프스타일에서도 발견할 수 있다.

다양한 라이프스타일의 전형과 그 라이프스타일이 추구하는 기본 가치를 살펴보는 것은 나와 주변 사람, 또는 고객의 라이프스타일을 이해할 수 있는 틀을 제공할 것이다.

· Business ·

5

웰빙 / 비건 / 그린 라이프스타일

웰빙Well-Being 라이프스타일을 가진 사람은 '건강'을 삶의 최우선 가치로 삼으며, 무병장수를 삶의 목표로 한다. 이들은 자신과 가족의 건강을 다른 가치들보다 우선하며, 건강하게 사는 것에서 행복을 느낀다. 웰빙이라는 말은 육체적 건강과 정신적 건강 모두를 고려한다는 의미가 강하다. 본인이 질병이나 장애를 겪었거나 주변 사람이 건강으로 인해 고통 받는 것을 지켜보았던 사람에게 건강은 더 강력한 가치관으로 자리한다.

경제적 부유함보다 건강을 더 우선시하기 때문에 건강을 위해서는 돈을 아끼지 않으며, 많은 시간을 건강을 위해 투자한다. 의식주 모두에서 더 건강한 것을 선택하려 하고, 치료 목적보다 예방 차원의 건강 관리에 더 관심을 기울인다. 정신적 건강을 위해서는 스트레스 받는 상황을 피하고, 긍정적으로 사고하는 경향이 있다.

웰빙은 나와 내 가족의 건강을 위해서 깨끗한 환경이 필요하고, 자연을 보호해야 한다는 입장으로 확장되기도 한다. 이런 친환경 웰빙족들은 더 적은 물을 사용하고, 더 적은 이산화탄소를 배출시킨 친환경 제품을 선호한다.

라이프스타일 비즈니스가 온다

2장 · 세계적으로 유행하는 라이프스타일

따라서 자연 그대로의 색상과 질감을 선호하고 무향이나 자연향을 즐긴다.

웰빙 라이프스타일을 가진 사람의 일상을 상상해 보자. 그는 아침 명상과 가벼운 스트레칭으로 하루를 시작한다. 유기농 미용제품으로 몸을 씻고, 알코올 성분이 없는 유기농 화장품을 바른다. 아침 식사로 깨끗하게 키운 유기농 제철 과일과 야채를 갈아 마신다. 공기 좋은 코스를 선택해 조깅을 하고, 매일 저녁 가벼운 근력운동도 잊지 않는다. 그리고 안티-진드기 침대에서 숙면에 든다. 그는 주말이면 스포츠 동호회에 참여하고, 미세먼지 농도에 민감하게 반응하여 미세먼지 차단 창으로 교체할지 고민한다. 그는 형편이 되면 공기 좋은 수도권 외곽에 집을 얻고 싶어 한다.

웰빙 라이프스타일은 유기농 산업의 성장을 촉진한다. 유기농은 농축산물의 재배, 수확부터 가공물의 제조까지 어떤 화학성분도 포함하지 않은 것을 의미한다. 천연 비료를 사용하며, 화학 농약이나 살충제를 사용하지 않는다. 방부제나 색소를 아예 사용하지 않거나, 자연에서 유기농으로 얻은 것만 사용한다. 수확 실패나 부패의 확률이 높기 때문에 유기농 제품은 비싸나. 하지만 라이프스타일을 유기농으로 바꾸고 나서 피부 트러블이나 소화기관 문제가 사라졌다는 효과가 구전되면서 유기농을 찾는 사람들이 늘고 있다. 유기농의 효과는 2차 가공품인 유기농 화장품이나 샴푸, 의약품까지 이어지고 있다.

미국 유기농무역협회 조사에 따르면 미국 가구 중 82%가 유기농 식품을 소비하는 것으로 나타났다. EU 발표에 따르면 유럽에서 비유기농 제품의 지출액은 13% 증가한 반면, 유기농 제품 지출액은 동기간 2배가 늘었다. 선진국에서는 유기농 식품 비중이 빠르게 늘고 있다. 미국 영화배우인 제시카 알바Jessica Alba는 유기농 소비자에서 생산자로 변신한 사례다. 두 딸의 엄마이기도 한 그녀는 아이를 위한 친환경, 유기농 제품들을 소비하다가 직접 '정직한 회사Honest Company'를 설립하고 아기용 무독성 유기농 제품들을 판매하고 있다.

먹는 것과 관련한 까다로운 라이프스타일 중 하나가 비건Vegan 라이프스타일이다. 비건은 베지테리언Vegetarian의 약자로, 채식만 하는 것을 의미한다. 이들은 양념이나 소스, 색소에 포함된 육류를 포함해 계란이나 우유 등의 동물 파생물도 거부한다. 비건은 몸에 해롭다고 알려진 동물세포에 포함된 콜레스테롤과 동물성 지방을 섭취하지 않는다. 옷과 화장품과 의약품을 선택하는 데 있어서도 동물성 성분 포함 여부를 따진다. 질병 치료나 경제적인 이유로 비자발적, 단기적으로 채식을 하는 경우는 진정한 비건 라이프스타일이라고 할 수 없다. 반면에 불교의 스님들은 종교에 의한 자발적 채식을 하는 비건으로 볼 수 있다. 비건의 채식 이유에는 자신의 건강 외에도 동물권과 환경보호도 중요한 이유를 차지한다. 지구 온난화와 기후변화의 가장 큰 원인은 공장이나 자동차가 아니라 육류 소비로 인한 것이라는 연구 결과도 있다.

웰빙의 확장된 형태로 나타나기도 하는 친환경은 또 하나의 중요한 라이프스타일로 자리잡고 있다. '그린Green'이라는 단어로 대표되는 이 라이프

스타일은 매사에 환경보호와 보존을 고려해야 한다는 신념을 기본으로 한다. 이 라이프스타일은 건강과는 상관없이 순수하게 환경을 생각하는 형태로 나타나기도 한다. 의식주 모두에서 환경보호를 우선하는 선택을 하며, 소비에서도 환경을 해치는 제품을 배제하고 친환경 제품을 선호한다.

기업들은 탄소발자국이나 친환경 인증과 같은 표식을 통해 친환경 라이프스타일 소비자에게 호소한다. 미국 자동차 회사인 포드는 '농장에서 자동차로Farm-to-Car'라는 슬로건을 내걸고 친환경 자동차 제조에 앞장서고 있다. 포드는 의자 등 자동차 내장재에 식물로 만들어 잘 썩는 바이오 플라스틱을 시범 적용하고 있다. 향후 자동차 내부 전체를 바이오 플라스틱으로 전환하는 것을 목표로 하고 있다. 이것은 차량 경량화에도 도움을 주어 더 적은 배기가스를 배출하게 한다. 친환경 그린 라이프스타일을 가진 사람에게 포드의 친환경 정책은 매우 매력적인 제안이 될 것이다.

그린 라이프스타일은 장례문화에도 영향을 미친다. 화장은 대기 오염과 과도한 전력 소모를 일으킨다. 화장터는 냄새와 공기 오염 때문에 지역 내 설치를 꺼리는 기피시설이다. 환경 보존을 중요시하는 캐나다에서는 시신을 뼈만 남기고 녹여 처리하는 기술이 개발되어 대기 오염과 전력 소모를 크게 줄이고, 유가족에게는 더 적은 비용으로 장례를 치를 수 있도록 해준다.

웰빙 라이프스타일은 헬스케어 산업과 유전자 산업의 핵심 소비자이기도 하다. 질병이 발생한 후 받아야 하는 고통스런 치료보다 미리미리 건강

웰빙과 더불어 친환경은 중요한 라이프스타일 테마가 되었다. 친환경 에너지와 제품들은 점차 확대될 전망이다.

을 챙기자는 헬스케어 시장도 성장하는 추세다. 스마트밴드나 스마트시계에는 심장 박동수나 수면 라이프사이클을 감지하는 기능이 탑재되어 있다. 소변을 통해 건강 상태를 체크해 주는 스마트변기, 혈당을 체크해 주는 스마트폰 주변기기 등이 속속 등장하고 있다. 이런 기기들이 향후 병원과 연결되면 신체의 이상 징후 발생 시 병원에서 먼저 알고 빠르게 대처해 주는 것이 가능해진다.

　유전자를 활용한 건강, 미용 산업도 성장 가능성이 높은 분야다. 줄기세

스마트밴드는 손목에 차서 맥박수, 활동량, 이동경로와 거리, 속도, 수면사이클 등을 늘 체크한다.

포를 활용한 성형이나 세포재생, 안티-에이징 연구도 활발히 진행되고 있다. 개인 유전자 분석을 통해 발병 가능성 높은 질병을 예측, 예방하는 기술도 대중화 단계에 있다. 미국 유명 영화배우인 안젤리나 졸리Angelina Jolie는 유전자 검사를 통해 유방암 발병 확률이 높다는 결과를 확인하고, 암이 발병하기도 전에 유방을 절제하는 수술을 받았다. 그녀의 라이프스타일은 많은 여성들에게 영향을 끼쳤다. 실제로 영국 맨체스터 대학은 조사 결과, 졸리의 유방 수술이 알려진 후 유전자 검사를 받고 가슴을 절제하는 여성의 수가 급증했다고 밝혔다.

웰빙 라이프에서 빼놓을 수 없는 것이 운동이다. 적당한 근육과 폐활량을 유지하고 신진대사를 활성화하는 데는 운동만한 것이 없다. 스포츠와 아웃도어 시장은 꾸준히 성장하고 있고, 제품뿐만 아니라 다양한 서비스도 개발되고 있다. 여성전용, 노인전용 헬스장이 등장하고, EMSElectrical Muscle Stimulation 헬스장도 등장했다. EMS는 전기 근육 자극 운동법이라는 의미로, 전기 자극을 통해 20분의 운동만으로도 6시간의 운동효과를 낸다. 기존에 무거운 아령을 몇 시간씩 들어야 했던 것과 달리 맨몸을 움직이는 것만으로도 더 큰 효과를 얻을 수 있는 것이다. 이 방법은 관절 무리나 부상 위험도 적어 노인들의 근력 강화에도 도움이 될 수 있다.

건강은 인류가 죽음을 극복하지 못하는 한, 당면해야 할 중요한 테마이다. 따라서 건강이라는 가치는 비중의 차이가 있을 뿐, 누구에게나 높은 우선순위를 가질 수밖에 없다. 최근 웰빙에 대한 미디어 노출이 많이 떨어진

것은 사실이지만, 건강의 중요성은 나이가 들수록 높아진다. 특히 선진국을 중심으로 사회 노령화가 급속히 진행되고 있기 때문에 웰빙 라이프스타일은 지속적으로 더 많은 사람들에게 수용될 가능성이 높다.

6 미니멀 심플 라이프스타일

최근 가장 많은 관심을 받는 라이프스타일을 하나만 꼽으라면 단연 미니멀리즘Minimalism이라 하겠다. 미니멀 라이프스타일은 전 세계적인 1인 가구 트렌드와 함께 부상했다. 스스로 미니멀 라이프스타일을 선택하는 사람 외에도 저소득으로 인한 비자발적인 미니멀리스트들도 이런 추세를 부추기고 있다.

미니멀 라이프스타일의 핵심가치는 '단순'과 '실용'이다. 미니멀 라이프의 교과서 같은 《월든》Walden의 저자인 헨리 데이비드 소로Henry David Thoreau는 그의 책에서 "단순하게 살라. 당신의 일을 두세 가지로 줄여라. 간소화하고 또 간소화하라. 하루 한 끼만 먹어라. 더 적은 것에 만족하는 법을 배워라"라고 조언한다. 《어린 왕자》의 저자 생텍쥐페리는 "완벽함이란 더 이상 보탤 것이 없을 때가 아니라 더 이상 뺄 것이 없을 때 이루어진다"고 말해 미니멀리스트들의 가치관을 대변하고 있다.

미니멀리즘은 물질주의와 소비지상주의에 대한 회의에서 시작되었다. 사치와 낭비를 줄이고 본질에 충실한 것, 비움에서 풍요를 찾는 것이 목표다. 소유보다는 사용과 경험에 목적을 둔다. 따라서 명품이나 신상품, 유행에는 관심이 없다. 대신 소비에 신중하고 가성비를 중요시 여긴다. 사람을 가진 것으로 평가하지 않고 본질로서 대한다. 미래의 불확실성이라는 걱정에서 해방되어 지금의 행복에 집중한다. 미래를 계획하지 않고 현재를 충실히 산다. 이런 점은 최근 유행하는 욜로$_{YOLO}$의 가치관과 동일하다고 볼 수 있다.

불필요한 물건을 버리는 것에서 시작하여, 불필요한 시간을 버리고, 불필요한 관계, 불필요한 생각마저 버리는 것으로 라이프스타일은 확장된다. 정리와 수납, 청소도 중요하지만 근본적으로 청소라는 활동 자체를 줄이는 것, 즉 청소할 대상을 제거하는 것을 추구한다.

가구와 가전은 본질의 기능에 충실한 심플한 디자인이나 공간을 적게 차지하는 다목적 기능의 제품을 선호한다. 식사는 간소하게 하며, 흰색과 무채색, 또는 자연 그대로의 색상을 선택한다.

미니멀리즘을 추구하는 그녀의 삶을 들여다보자. 그녀는 딱 출근준비와 이동에 필요한 시간에 맞춰 일어난다. 자외선 차단 기능이 포함된 파운데이션과 기본적인 메이크업만으로 화장 시간을 절약한다. 머리는 단발을 유지하고, 옷은 깔끔한 청바지와 운동화에 상의만 몇 가지를 돌려 입는다. 아침식사는 생략한다. 퇴근 후 저녁식사는 편의점에 들러 도시락을 사 먹는다. 부족한 영양은 건강보조제로 보충한다. TV가 없는 그녀는 소파베드에 누워 빌려온 책을 읽거나 스마트폰으로 영화를 보다가 잠이 든다.

소유를 자제하는 미니멀리스트에게도 다른 라이프스타일에게는 없는 필수적인 소비가 있을까? 그녀에게는 화장 시간을 줄여주는 멀티 기능의 화장품, 편리하고 깔끔한 수납 가구와 멀티 기능성 가구, 간편식품, 영화/TV 스트리밍 서비스가 필요하다. 아무 것도 소유하지 않으려는 그녀에게는 제품보다는 세탁방과 도서관 같은 편의 서비스가 더 필수적이다. 그녀는 반려동물이나 관상식물도 키울 생각이 없다. 결혼도 하지 않을 계획이다. 그녀는 과시형 소셜 네트워크 활동도 모두 접었다. 조명 외에는 어떤 가전도 집에서 찾아볼 수 없다. 그녀는 좁더라도 생활 편의 시설이 밀집된 도심지의 오피스텔을 선호한다.

가성비가 높고, 본질에 충실한 작고 심플한 디자인의 제품들이 미니멀리스트에게 인기다. 대표적으로 무인양품이나 다이소가 이런 제품들을 제공한다. 실용성과 가성비가 좋은 이케아의 가구나 생활용품도 미니멀리스트에게는 필수품처럼 되었다. 침대와 소파 겸용 소파베드, 크기를 늘리고 줄일 수 있는 테이블, 벽 속으로 숨는 침대 등 공간활용을 극대화하는 가구들도 시장에 선보이고 있다. 초저가를 지향하는 브랜드와 제품들도 인기다. 가격 파괴를 넘어 가격 분쇄라는 용어까지 나타났다. 일본에서는 인공지능을 활용해 부동산 문의에 자동 응답하는 시스템을 도입, 수수료를 대폭 낮춘 서비스도 등장했다. 의복에서도 대를 물려 입는 고가의 명품 의상보다 유행에 맞춰 한 철 입고 버릴 수 있는 패스트패션 브랜드가 인기다.

라이프스타일 비즈니스가 온다

소유를 기피하기 때문에 공유 경제 서비스와 편의 서비스들이 미니멀리스트에게 큰 도움이 된다. 공유 경제는 자신의 자산을 쓰지 않는 동안 다른 사람에게 유료로 빌려줌으로써 빌려준 사람과 빌린 사람 모두가 혜택을 보는 시스템이다. 에어비앤비Airbnb는 자신의 집을, 우버Uber는 자신의 차를 공유한다. 자신의 주차공간을 대여하거나 출퇴근 시간에 자가용의 빈 좌석을 연결해 주는 모바일 앱도 출시되어 있다.

각종 대여 서비스도 인기다. 아기 장난감, 유모차, 유아용 침대 등 1~2년만 쓰면 효용이 떨어지는 제품들을 대여해 주는 서비스도 등장했다. 값 비싼 파티 의상을 대여하기도 하고, 자동차를 시간제로 대여해 쓰기도 한다. 스마트폰에서 자신과 가까운 빈 차를 찾아 사용할 시간과 목적지를 입력하면 사용금액이 표시되고, 스마트폰에서 결제하면 바로 차를 사용할 수 있다. 목적지와 가까운 지정지점에 주차하면 사용이 완료된다.

음악이나 영화, 게임, 책 등 콘텐츠도 소유하기보다 필요할 때마다 즐길 수 있는 서비스를 선호한다. 스마트폰의 월정액 스트리밍Streaming 서비스(필요한 만큼 콘텐츠가 다운되어 즐기고 지나간 부분은 자동으로 삭제되는 실시간 서비스)를 이용한다. 일본 도쿄의 북앤베드Book and Bed는 도서관과 게스트하우스를 하나로 합친 시설이다. 이용자는 밤늦게까지 독서를 즐기다가 잠들 수 있다. 20~30대 여성이 주 이용자다.

쓰던 물건을 사고 팔 수 있는 중고시장도 지속적으로 성장하고 있고, 지역, 단지 단위의 벼룩시장도 증가하는 추세다. 세탁방, 편의점, 배달 시장의 성장도 미니멀리즘의 확산과 무관하지 않다. 이제는 자체 배달 서비스를 하지 않는 맛집의 음식도 집으로 배달해 즐길 수 있다. 한국에서는 '배달의 민족'이 시장을 선도하고 있고 카카오, 우버 등 후발주자들이 이 시장에 뛰어들고 있다. 1인 가구가 집중된 주택가 주변에는 혼자서 맘 편히 식사를 즐길 수 있는 혼밥, 혼술 식당도 늘고 있다. 한국의 편의점 시장 규모는 20조 원을 넘어섰다. 5년 만에 2배 성장한 것으로, 다른 유통업계가 저성장의 늪에 빠져 있는 상황에서 나홀로 커지고 있는 셈이다.

주택환경에도 변화의 바람이 불고 있다. 2000년대까지 대형 아파트 중심으로 지어지던 주택이 1~2인용 소형 평수로 전환되고 있다. 대형 아파트를 쪼개고 현관을 만들어 소형으로 나누는 집들도 생겼다. 매매나 전세 형태에서 월세로 바뀌는 것도 추세다. 최근에는 몇 명이 거실, 주방 등 공동시설을 함께 쓰는 '셰어 하우스Share House'도 인기다. 원룸보다는 여유 있는 공간을 가지면서 주거비는 줄일 수 있기 때문이다. 땅콩하우스, 협소주택은 작은 자투리땅에 지어진 단독주택을 말한다. 이런 초소형 주택을 짓거나 구입하려는 사람도 점차 늘고 있다.

미니멀 라이프스타일은 1인 가구 증가에 발맞춰 한동안 성장할 것으로 전망된다. 하지만 여기에는 저소득, 이혼, 노령화 등 어쩔 수 없이 미니멀리즘에 내몰린 비자발적 미니멀리스트도 상당수 존재한다. 이들의 삶의 목적이나 가치관은 미니멀리즘이 아닐 수도 있다. 소득이 늘고, 가족을 이루는 등 환경 변화가 생기면 본래의 가치관에 따라 생활 패턴이 달라질 수 있다. 이 부분은 미니멀 라이프스타일 시장을 전망하는 주요한 요소가 된다.

럭셔리 백만장자 라이프스타일

럭셔리Luxury 백만장자 라이프스타일은 라이프스타일로서의 노출은 적지만 자본주의 역사와 함께 꽤 오랜 기간, 광범위하게 퍼져있는 삶의 양식이다.

이들의 삶의 목표는 '성공', 특히 '경제적 부의 축적'이다. 이로부터 시간적 여유와 소유의 행복을 찾고자 한다. 세상을 약육강식의 정글이나 전쟁이 벌어지는 전장으로 생각하며, 여기에서 살아남고 승리하는 것을 성취로 여긴다. 부의 축적과 소비로부터 삶의 즐거움을 얻는다. 성공이 대인관계나 건강의 가치보다 위에 있는 경우, 성공을 위해서 타인을 수단으로 부리거나 건강에 무리가 가는 것에 개의치 않는다. 어린 시절, 가정 형편이 어려웠거나 삶에서 실직, 파산으로 경제적 타격을 받았던 사람이 더 강한 신념을 가지게 된다.

경제형편이 나아지면 수영장이 딸린 더 큰 집으로 이사하고, 더 좋은 차를 타고, 명품과 고가의 보석을 사고, 남들이 쉽게 가지 못하는 고급식당과 해외 휴양지로 떠난다. 성형과 미용, 패션을 통해 더 잘 생기고, 예쁜 모습을 유지하려 한다. 그리고 이것을 소셜 네트워크를 통해 보여주고, 대중들

출처: (아래) flickr.com/photos/homespace

로부터 부러움을 사는 것을 즐긴다. 백만장자 유명인들의 라이프스타일이 미디어에 노출되면서 이것을 추종하는 부자들이 합류하고, 이런 라이프를 지향하는 중산층들이 부자들의 삶의 일부를 모방한다.

뉴욕 빈민가에서 탄생한 힙합은 젊은이들에게 가장 인기 있는 음악 장르다. 과거 힙합의 인기로 클럽 디제이와 랩퍼였던 일부 흑인 아티스트들은 엄청난 부를 얻게 되었다. 그들은 금과 보석 액세서리로 치장하고 자신의 성공 스토리와 백만장자 라이프를 힙합 가사에 솔직하게 담았다. 비싼 스포츠카를 사 모으고, 날마다 유명 해외 휴양지를 돌며, 최고급 요리를 즐기는 자신의 삶을 자랑하고, 가난할 때 자신을 깔보던 사람들을 조롱한다. 일부 청소년들은 힙합에 심취하고, 이런 삶을 꿈꾸며 돈 잘 버는 힙합 가수가 되기를 소망한다. 힙합 오디션 프로그램인 〈쇼미더머니〉SHOW ME THE MONEY의 최근 시즌에는 1만 2천 명의 지원자가 몰렸다. 5년 전 첫 시즌 1,200명에 비해 10배나 늘었다. 이 프로그램 이름에서도 알 수 있듯, 힙합은 럭셔리 라이프스타일을 대변하는 음악이 되었다.

럭셔리 라이프스타일을 가진 사람들은 희소성 있는 제품이나 서비스를 소비하는 것으로 자신의 성공을 증명하려 한다. 남들이 가지지 못한, 또는 쉽게 경험할 수 없는 것을 누리는 것에서 자기만족을 느낀다. 물론 이런 것들은 매우 비싸다.

두바이 아틀란티스 리조트의 더 팜 두바이 호텔에는 창문으로 바닷속 풍경을 즐길 수 있는 넵튠 스위트룸과 포세이돈 스위트룸이 있다. 이 방의 1박

럭셔리 라이프스타일은 희소한 제품에 끌린다. 사진은 페라리 458 스파이더

가격은 8,165달러, 한화로 약 1천만 원 정도다. 두바이 거리에 버려져 뽀얗게 모래먼지를 뒤집어 쓴 엔초 페라리 Ferrari Enzo 사진이 인터넷에서 인기를 얻기도 했는데, 이 차는 전 세계에 399대뿐이다. 소위 이런 한정판 슈퍼카의 한 대 가격은 30억 원을 호가한다.

루이뷔통은 전 세계를 돌며 기업 전시회를 열고 있다. 얼마 전 한국에서도 전시회가 열렸다. 이 전시에서 루이뷔통은 40년 경력의 마스터 장인이 수작업으로 한 땀 한 땀 가방을 만들어내는 제작과정을 보여줌으로써 전통의 힘과 명품의 가치를 재조명하는 기회로 삼았다. 루이뷔통의 전통적인 여행가방의 가격은 1천만 원이 넘는다. 패스트패션 매장에서 1~2만 원이면 살 수 있는 칼라티가 명품 로고가 달리면 60만 원이 넘어간다. 럭셔리 라이프스타일을 가진 사람들은 제품의 본질적 기능성보다 희소성에 마음이 흔들린다.

백화점은 건물 전체가 럭셔리 라이프스타일을 지원한다. 백화점의 웅장한 외관과 지나치게 친절한 서비스, 화려하고 고급스러운 매장 인테리어는

백화점은 럭셔리 라이프스타일을 대표하는 샵이다.
사진은 프랑스 파리의 갤러리 라파예트(Galeries Lafayette) 백화점

마치 왕궁을 연상시키며, 고객은 이곳에서 왕과 왕비가 된 것 같은 착각에 빠진다. 부와 권력을 모두 가진 왕은 럭셔리 라이프스타일의 선망의 대상이자 가장 이상적인 모델이다.

럭셔리 라이프스타일은 부자만이 누리는 라이프스타일이 아니다. 현재의 경제형편과 무관하게 삶의 목표로 '성공'이라는 가치를 추구하는 사람은 모두 럭셔리 라이프스타일을 가졌다고 할 수 있다. 럭셔리 라이프를 즐기는 부자는 이미 자신이 꿈꾸는 삶을 살고 있는 사람이고, 성공과 부를 지향하는 사람은 그런 삶을 동경하며 삶의 일부라도 럭셔리하게 채우려고 노력한다. 중산층에서 나타나는 충동 구매나 일탈적 소비, 매스티지Masstige 소비 증가는 이런 가치관에 대한 이해 없이는 설명할 수 없다.

매스티지란 대중Mass과 명품Prestige을 조합해 만든 '대중을 위한 명품'이라는 용어다. 브랜드 위상은 명품의 기품을 유지하면서, 대중도 이용할 수 있도록 가격은 낮춘 제품을 의미한다. 중산층 소비자는 조금 부담스럽지만 지불 가능한 비용으로 명품 소비의 즐거움을 누릴 수 있게 된다.

우리가 가장 쉽게 접하는 매스티지 브랜드는 스타벅스다. 한 끼 식사값 정도인 스타벅스 커피 한 잔 값은 중산층의 소득 수준에서 보면 싼 편은 아니다. 하지만 한국의 치열한 커피 경쟁에서 스타벅스는 압도적인 1위를 하고 있다. 이런 성공이 가능한 이유는 스타벅스가 럭셔리 라이프스타일을 구현하고 있기 때문이다. 인스타그램에는 유독 다른 커피 브랜드보다 스타벅

스타벅스는 고급스런 공간과 럭셔리한 라이프스타일을 판다.
사진은 시애틀의 스타벅스 리저브 매장. 출처: flickr.com/photos/55267995@N04

스 로고가 많이 등장한다. 스타벅스에서 커피를 시켜놓고 책을 펼치면 마치 내가 영화의 주인공이 된 것 같은 환상에 빠진다. 외국에 와 있는 착각이 들기도 한다. 현실은 아무리 누추해도 이 공간에서는 마치 성공한 전문직처럼 느껴진다. 스타벅스는 인테리어, 음악, 조명, 서비스의 조합을 통해 커피계의 명품 브랜드를 만들었다. 스타벅스는 커피를 파는 것이 아니라 럭셔리한 공간과 라이프스타일을 팔고 있다.

경제적 계층 상승의 욕구를 채워주는 재화도 럭셔리 라이프스타일의 일부다. 성공을 위한 독서활동도 럭셔리 라이프를 구성한다. 서점에 자기계발 코너가 별도로 존재할 만큼 계층 상승에 대한 수요와 그에 대응하는 공급시장은 큰 규모다. 재테크나 협상의 기술, 독서법과 같은 자기계발 서적들은 성공에 이르는 구체적인 방법을 가르쳐준다. 경제적 성공의 비결은 책뿐만 아니라 교육, 미디어, 소셜 네트워크를 통해서도 다양하게 전달되며, 럭셔리 라이프를 추구하는 사람들을 유혹하고 있다.

성공을 강렬히 소망하는 가치관의 확산은 한 국가의 성장을 좌우하기도 한다. 부자를 꿈꾸는 중국 청년들의 에너지는 중국과 세계 경제의 성상동력이 되고 있다. 2016년 중국의 1인당 국민소득은 8천 달러 정도로, 아직 한국의 3분의 1이 안 되지만 럭셔리 라이프스타일은 중국의 대세 라이프스타일이다. 교육, 명품, 매스티지, 해외여행, 자가용과 같은 럭셔리 라이프스타일 산업의 급성장과 제2의 알리바바Alibaba 마윈을 노리는 젊은 기업가들의 창업 열풍이 이를 뒷받침한다. 1년에 수억 원을 버는 스타급 '왕홍[网红]'들이 등

장하면서 왕훙을 교육하고 배출하는 비즈니스도 등장했다. 왕훙이란 실시간이나 녹화 영상을 통해 온라인으로 제품을 소개하고 판매하는 일반인을 의미한다.

　탈물질주의 확산에 따라 성공과 부를 목표로 사는 사람들의 직접적인 노출이 줄어든 것은 사실이다. 하지만 소셜 네트워크의 발달은 타인의 삶을 들여다볼 수 있는 기회를 제공하여 럭셔리 라이프스타일의 보이지 않는 확산을 돕고 있다. 라이프스타일의 다양성이 증가하고 있지만, 부자가 되고 권력자가 되는 것은 건강과 더불어 인간 역사의 오랜 욕구다. 따라서 백만장자를 꿈꾸는 럭셔리 라이프스타일은 향후 다른 라이프스타일에 비해 노출이 적을 수는 있어도 여전히 대표적인 라이프스타일로 남아 있을 것이다.

⑧ 휘게 / 킨포크 / 라곰 라이프스타일

눈 내린 덴마크 교외의 토요일 해질녘, 단층 목조주택 한편의 벽난로가 집 안 온기를 채우고 있다. 벽난로 앞 커다란 목재 테이블에는 성인이 된 소꿉친구 다섯이 울카디건과 파자마 차림으로 모였다. 중간중간 피운 향초와 듣기 편한 재즈가 거실을 더욱 아늑하게 만들었다. 집 주인이 모아온 각양각색의 솔방울 모양의 소품들이 겨울 분위기를 한층 돋우었고, 각자 개성을 담아 가져온 음식과 머그잔을 채운 따뜻한 코코아가 하얀 김을 피어 올렸다. 모두들 모직 쿠션과 블랭킷을 활용해 편한 자세로 앉아, 옛이야기에 웃음소리가 떠나질 않았다. 순간, 지붕에 쌓여 있던 눈이 사르르 떨어졌다.

    2016년 유엔(UN)에서 발표한 세계 행복 보고서에서 행복지수 1위를 차지한 나라는 덴마크다. 덴마크의 1위 이유 중 하나는 높은 사회적 지원도다. 사회적 지원도란 내가 어려울 때 기댈 수 있는 사람이나 사회적 제도가 얼마나 있는가 하는 것이다. 그리고 덴마크는 OECD 국가 중 가장 여가시간이 많은 나라이기도 하다. 높은 세금만큼 사회 복지가 잘 되어 있다. 그만큼 많은 시간을 가까운 사람들과 나누며 살 수 있는 나라이고, 개인의 미래에 대한 걱정이 덜한 나라다.

    덴마크의 행복 비법을 라이프스타일에서 찾으려는 시도가 바로 '휘게Hygge'다. 덴마크어 '휘게'의 사전적 의미는 웰빙에 가깝지만, 아늑함과 안락함, 여유와 친근함이라는 키워드가 휘게를 설명하는 데 좀 더 적절하다.

    미니멀리즘과 마찬가지로 휘게도 럭셔리 라이프의 반대 성향으로 나타난 흐름 중 하나이다. 물질주의, 황금만능주의, 성공 지향이 극에 달한 시점에 우리는 몇 번의 경제위기를 겪었다. 많은 사람들이 충성을 바치던 회사

에서 쫓겨나 길에 나앉았다. 하지만 부자들은 이때 더 많은 부를 축적했다. 부익부 빈익빈의 고리는 깨지기 어려워 보였고, 돈이 돈을 버는 세상이 되어 있었다. 성공을 좇는 삶은 좌절을 겪어야 했다. 여유 없는 삶이 남긴 것은 사랑하는 사람들을 다 떠나보낸 외로움과 허전함뿐이었다. 많은 사람들은 '지금과 다르게 사는 방법이 없을까?', '돈 없이도 행복할 수는 없을까?'를 고민하기 시작했다. 이런 라이프스타일의 다양성이 제안되는 시기를 포스트모더니즘이라고 한다. 포스트모더니즘은 탈물질주의, 느림과 다름의 가치를 근간으로 하고 있다. 여유와 느림의 미학을 강조한 삶의 방식 중 대표적인 것이 휘게 라이프스타일이다.

  휘게 라이프의 목적과 핵심가치는 '여유'와 '관계'다. 내 공간에서의 안락함을 추구하고, 소소한 일상에서 행복을 찾는다. 사랑하는 사람들과 더 많은 시간을 공유하며 추억을 만든다. 좋아하는 것을 맘 편히 즐기고, 곁에 둔다. 뽐내지 않으며, 자극적인 것을 추구하지 않는다. TV와 휴대폰을 끄고 독서와 산책을 즐긴다. 주변에서 자연을 느끼며, 계절의 변화를 즐긴다. 정치와 일에 대한 스트레스는 버리고, 여유와 한적함을 즐긴다.

킨포크Kinfolk는 '가족처럼 가까운 친구들'이란 의미를 가진 잡지 이름으로, 70개국에 번역되어 발행되고 있다. 잡지 발행인과 주변 지인들의 라이프스타일이 녹아 있는 이 잡지가 추구하는 바는 휘게와 같다. 단, 킨포크는 사람과의 관계를 더 강조하여, 소셜 네트워크의 팔로워 숫자에 연연하기보다 나와 살을 맞대고 사는 사람들에 더 집중하자는 삶의 방식이다. 초창기에 친구들과 밥 한 끼 같이 먹자는 소소한 일상으로 출발했는데, 여기에 사람들이 열광했다. 많아서 나누는 것이 아니라 부족하면 부족한대로 나누며 살자는 것이 킨포크 라이프스타일이다. 각자 음식을 가져와 함께 나누는 포트럭Potluck 파티도 좋은 나눔의 예이다. 킨포크 잡지의 구독자만큼이나 킨포크 라이프스타일을 추구하는 사람 또한 많아지고 있다.

출처: flickr.com/photos/isisizumi

최근 스웨덴의 라곰LAGOM 라이프스타일이라는 말도 자주 접할 수 있다. 이 말은 이케아의 지속가능경영 방침인 '리브 라곰LIVE LAGOM' 프로젝트로 더 알려지기도 하였다. 라곰은 '많지도 적지도 않게 딱 적당하다'는 의미로, 미니멀이 최소화를 지향한다면 라곰은 적당한 균형점을 지향한다. 공자나 아리스토텔레스의 중용의 개념을 생각해 볼 수도 있다. 이리저리 치우치지 않는 균형을 가지는 삶을 지향한다. 여기에는 개인의 극적인 성취보다 모두의 평등한 행복을 지향하는 북유럽 특유의 사회주의적 관점도 내포되어 있다. 혼자 잘 살겠다고 아등바등하지 말고, 누군가를 위해 자신을 희생하지도 말고, 그냥 평범하게 보통의 다른 사람들과 적당히 맞추면서 여유 있게 살아가자는 삶의 방식이다. 이런 면에서는 같은 북유럽의 덴마크 휘게와도 맥락을 같이 하고 있다.

휘게는 아늑하고 편안한 나만의 공간을 제안한다. 조명은 낮추고 백색광보다 따뜻한 황색광이나 촛불을 켠다. 작은 전구들이 줄에 매달려있는 앵두전구나 벽난로가 있다면 더 좋다. 꽃, 나뭇가지 등 좋아하는 자연물로 공간을 채운다. 가구는 따뜻한 느낌의 목재를 선택하고, 따뜻한 질감의 쿠션과 담요, 러그를 준비한다. 창은 커튼을 떼고 자연광을 들인다.

공간이 완성되었다면 넉넉한 수면양말을 신고, 따뜻하고 움직이기 편한 파자마를 입는다. 굵게 짠 울 스웨터나 카디건을 입고 따뜻한 핫초코가 담긴 머그잔을 들었다면 휘게 패션은 완성된다. 살찔까 걱정하지 말고 달콤한 것도 먹고 싶으면 먹는다. 지금 이 순간이 행복하면 그만이다.

이제 내가 만든 아늑한 공간에 사랑하는 사람들을 부른다. 연인, 친구, 가족, 동료 누구든 상관없다. TV와 휴대폰은 꺼둔다. 함께 요리하고, 먹고, 차를 마시며, 영화를 보고, 음악도 듣는다. 시시콜콜한 잡담도 좋고, 추억을 꺼내어 보는 것도 좋다. 함께 보드게임을 즐기기도 하고, 옥상에 의자를 놓고 지는 해를 바라보기도 한다. 지친 친구가 있다면 하룻밤 재워줘도 좋겠다. 청소한다고 부산 떨지 않고, 동네 산책을 하거나, 아무 것도 하지 않으면서 어슬렁댄다. 밤이 되면 나만의 아늑한 공간에서 책을 보거나 오늘 하루 감사한 것들을 적어본다. 주말에는 사람들과 자연을 즐긴다. 가벼운 산행을 하거나 자전거를 타기도 하고, 야외에 불을 피워놓고 이야기를 나눈다. 사우나나 요가를 하며 심신의 편안함을 얻는다.

금융 위기의 충격을 더 혹독하게 맞았던 선진국에서는 물질이 아닌 관계에서 행복을 찾으려는 시도가 하나의 큰 흐름이 되었다. 휘게, 킨포크 라이프스타일은 꾸준히 팬을 유지하며 지속될 가능성이 크다. 특히 예술가, 사진가, 디자이너, 작가 등 창조적 직업을 가진 사람들에게 수용될 가능성이 높다. 하지만 우리에게 아직은 낯선 '관계'라는 가치를 최우선으로 삼는 사람들이 대세가 되는 것은 꽤 많은 사회적 변화가 수반되어야 할 것으로 보인다.

9 그 외에 다양한 라이프스타일들

이미 살펴본 세계적으로 유행하는 라이프스타일 외에도 추구하는 가치나 처한 환경에 따라 다양한 형태의 라이프스타일이 존재한다.

보헤미안Bohemian, 히피Hippie 는 '자유'를 기본 가치로 하는 라이프스타일이다. 이들은 인간성 회복과 자연으로의 귀의를 주장하였다. 자유를 극단으로 추구하여, 차를 타고 집단 방랑생활을 하거나 약물에 심취하였다. 성에 있어서도 매우 개방적인 입장을 보였다. 이들은 집시Zypsy라는 말로 불리기도 했다. 기존 질서와 기득권에 반항적인 성격을 보였고, 전쟁에 반대하는 평화주의자였다. 또한 록 음악과 예술의 신봉자였다.

보헤미안, 히피 라이프스타일은 현재 거의 사라졌지만, 개인의 자유를 중시하는 풍조와 패션, 인테리어 스타일은 남아있다.

이들의 전형적인 패션은 머리에 끈을 묶어 아메리칸 인디언 장식을 꼽고, 화려한 색상과 패턴 옷을 치렁하게 입고, 웨스턴 부츠를 신은 모습이다. 전체적으로 아메리칸 인디언의 라이프스타일과 많이 닮아 있다. 젊은 시절 스티브 잡스도 히피 라이프스타일에 젖어 있었다. 맨발로 학교와 회사를 다니고, 채식을 했으며, 씻지 않았다. 수행을 위해 인도 여행을 떠났었고, 약물 경험을 권장하기도 했다. 히피문화는 1960년대 부흥하여 1970년대에 거의 사라졌다. 현재는 패션, 인테리어 등에 잔재가 남아 있다. 패션 쪽에서는 보호BOHO, 보보BOBO 등으로 변형 발전했다. 60년대 이후 현재까지 이어지고 있는 '우드스탁 록 페스티벌'에서 남아있는 히피 문화를 찾아볼 수 있다.

코쿠닝Cocooning 라이프스타일은 9·11 테러 이후 미국에서 나타난 라이프스타일로, 외부 활동을 자제하고 집 안에서 홀로 또는 가족과 안전하게 생활하려는 생활 양식을 말한다. 코쿤은 누에고치를 의미한다. 인터넷 발달로 생산활동과 의식주 대부분을 집에서 해결할 수 있게 된 점도 코쿠닝 라이프를 가능하게 했다. 코쿠닝 라이프스타일의 가장 중요한 핵심가처는 '안전'이다.

딩크DINK: Double Income, No Kids는 맞벌이를 하며 자녀를 갖지 않는 풍조를 나타내는 신조어다. 이것은 미니멀리즘의 과도기적인 라이프스타일로 볼 수 있다. 소득에 비해 양육비, 자녀교육비 등의 지출 부담이 커짐에 따라 출산을 포기하거나, 여성의 사회 활동을 지속하기 위해 딩크족이 되는 경우가 많다. 딩크족 중 자녀 대신 반려동물을 키우는 경우도 많은데 이들은 딩펫족Dink Pet으로 불린다.

자녀를 출산하는 대신 반려견을 키우며 둘만의 삶을 즐기는 딩펫(DINK Pet)도 하나의 라이프스타일이다.

개인이 처한 환경의 변화는 라이프스타일을 크게 흔들어 놓는데, 대표적인 경우가 아이가 태어났을 때다. 이 변화된 삶의 양식을 뉴본 New Born 라이프스타일이라 한다. 모든 활동의 중심이 태어난 아이에게 맞춰지고, 행동 패턴과 관심이 크게 변화한다. 이때 핵심가치가 '가족'으로 변화하는 경우도 있다. 핵심가치가 '가족'인 라이프스타일은 가족과 함께하는 시간과 경험에 높은 가치를 둔다. 이런 라이프스타일의 사람은 가족과 떨어져 전근을 가야 하는 경우 직장을 포기하는 결정을 내리게 된다. 하지만 자녀들의 교육을 위해 기러기 아빠가 되는 상황은 기꺼이 받아들이기도 한다. 상반된 행동처럼 보이는 이러한 결정을 이해하려면 가치관에 기반을 둔 라이프스타일의 이해가 필요하다.

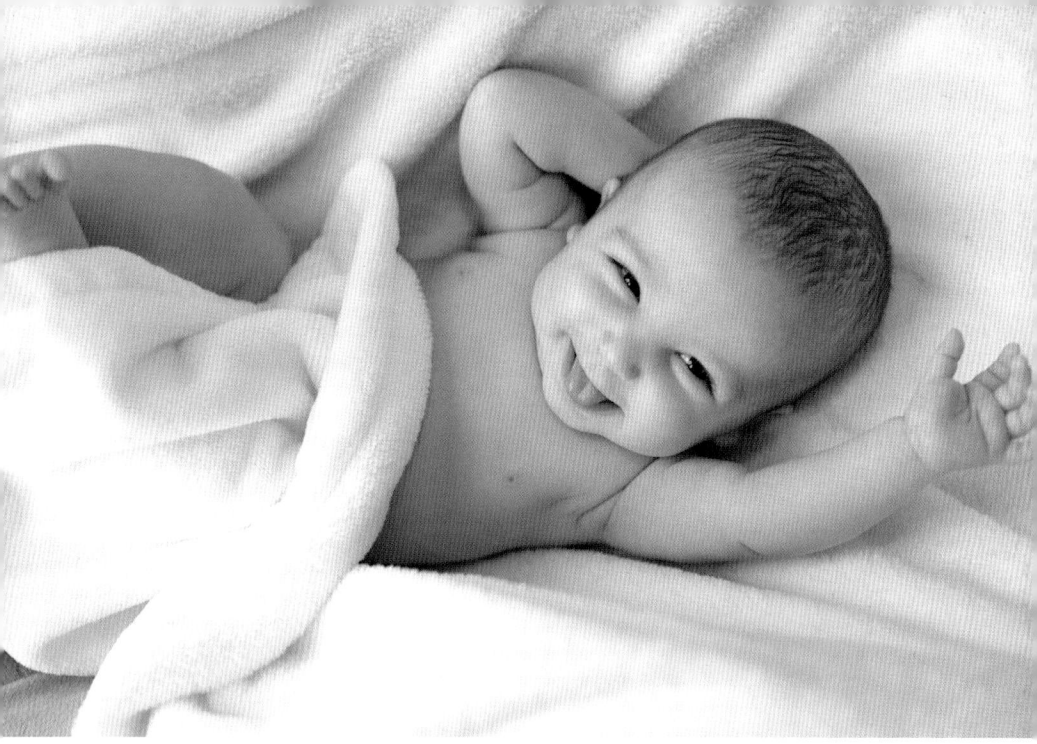

아이의 출산은 환경이 라이프스타일의 변화를 가져오는 대표적인 사례이다. 일부 사람들은 아이를 중심으로 사는 뉴본(Newborn) 라이프스타일로 변하기도 한다.

    종교는 라이프스타일을 결정 짓는 중요한 요인이다. 종교에 대한 믿음이 클수록 라이프스타일은 종교적 삶과 더 동기화된다. 종교의 교리가 삶의 목적이 되면, 해당 종교가 제안하는 형식교리가 행동 패턴에 큰 영향을 끼친다. 불교의 스님이나 가톨릭의 신부의 삶이 일반인과 얼마나 다른지를 생각해 보면 그 차이를 알 수 있다. 배우자를 따라 종교생활을 하는 경우, 자신의 가치관이 종교 교리와 큰 차이가 있는 경우도 있다. 이 경우는 진정한 종교 라이프스타일이라고 볼 수 없다. 왜냐하면 이혼을 하는 등 현실 제약이 풀리게 되면 본연의 가치관에 따른 삶으로 돌아가 버리기 때문이다. 종교 라이프스타일을 이해하려면 반드시 가치관이 얼마나 종교에 동기화되어 있는지 살펴보는 것이 중요하다.

삶의 목적과 추구하는 핵심가치는 선호하는 의식주의 방식과 소비의 구성을 결정한다. 지금까지 살펴본 라이프스타일들은 하나의 핵심가치를 추구하는 데서 나타나는 전형적인 삶의 모습이다. 개인 단위 라이프스타일은 사람마다 삶의 목적과 추구하는 가치가 다른 만큼 다양하고, 복합적이다. 개인의 라이프스타일을 제대로 이해하려면 핵심가치로부터 소비까지 이어지는 연결고리를 주의 깊게 살펴볼 필요가 있다.

| 3장 |

라이프스타일 비즈니스가 온다

• Lifestyle •

고객을 심도 있게 이해하여 라이프스타일을 제안하고 지원하는 사업을 라이프스타일 비즈니스라고 한다. 이런 라이프스타일 비즈니스만이 생존하고 지속 성장할 수 있는 시대가 오고 있다.

이미 많은 제품과 서비스가 경쟁하고 있지만, 앞으로 더 많은 제품과 서비스가 시장에 쏟아져 나올 것이다. 인터넷이 제품의 국경을 없애고, 정보의 주도권을 소비자에게 넘겼다. 소비자는 기업과 제품에 대해 더 많은 것을, 더 빠르게 알 수 있게 되었다.

자유와 개성을 강조하는 세계적인 포스트모더니즘 기조에 따라 소비자는 자신의 삶에 가치 있는 것만을 더 까다롭게 선택하고자 한다. 제품은 많아지고 선택의 폭은 넓어졌지만, 그만큼 고객은 선택에 더 많은 시간과 노력을 쏟아야 한다. 고객은 수많은 선택 속에서 누군가 자신에게 가치 있는 것들을 찾아주기를 원하게 되었다.

한 사람의 삶을 통틀어 삶에 가치 있는 것들을 선별해 제안하는 것이 바로 라이프스타일 비즈니스다. 특정한 라이프스타일을 가진 사람에게 라이프스타일 제안은 많은 기업과 제품 속에서 두드러진다. 고객의 삶의 목표와 가치를 이해하는 기업과 브랜드는 고객이 아닌 팬을 얻는다. 제품은 선망의 대상이 되고, 고객은 열렬한 지지자가 된다. 이런 라이프스타일 비즈니스는 국경과 문화를 초월하여 확장될 수 있다.

• Business •

(10) 진짜 무한경쟁은
이제 시작이다

우리는 넘처나는 물건들 속에서 살고 있다. 한국 인터넷서점 알라딘은 1990년 이후 출간된 한국 도서만 100만 권 이상을 판매하고 있다. 이 사이트에서 소설책 한 권을 고르려면 10만 권 중에 하나를 선택해야 한다. 이것은 등록되어 판매되는 한국어 책으로 한정한 것이고, 외국어로 쓰인 해외 소설과 인터넷에서 유무료로 제공되는 이야깃거리까지 합한다면 선택의 폭은 거의 무한대가 된다.

미국 인터넷 쇼핑몰 아마존에서는 영문 소설만 약 450만 권을 판매하고 있다(2017년 11월 기준). 온라인 서점으로 출발한 아마존은 현재 모든 카테고리로 확장한 세계 최대 온라인 쇼핑몰이다. 2015년 아마존의 거래금액은 2,256억 달러, 한화로 251조 원이다. 이것은 서울시 한 해 예산의 10배에 달하는 규모다.

　음악을 듣거나 영화 한 편을 보려고 해도 선택이 어려운 것은 마찬가지다. 한국의 음악 스트리밍 서비스인 멜론은 1천만 곡의 음원을 보유하고 있고, 영화 스트리밍 서비스인 왓챠플레이에서는 월정액으로 6천 편의 영화나 드라마 중 하나를 골라 볼 수 있다(2016년 기준).

　스커트를 하나 사려면 얼마나 많은 제품을 살펴보아야 할까? 쇼핑몰 중개 서비스인 네이버 쇼핑에는 220만 가지의 여성 스커트가 등록되어 있다(2017년 11월 기준). 한 개당 1분씩, 하루 8시간을 쉬지 않고 꼬박 살펴보아도 12년이 넘게 걸린다. 인터넷 중고 시장이나 해외 온라인몰에서 판매되는 스커트까지 확장한다면 아마 반평생쯤은 스커트만 살펴보는 것으로 보낼 수 있다. 오프라인 매장에서 판매하는 스커트까지 포함한다면 평생을 바쳐도 불가능한 일이 된다.

아이를 위한 장난감을 하나 고르려면 네이버 쇼핑에서는 900만 개의 제품을 살펴봐야 하고, 중국 알리바바가 운영하는 온라인 쇼핑몰인 알리익스프레스AliExpress.com에서는 1,500만 개의 장난감 중에서 골라야 한다(2017년 11월 기준). 알리익스프레스는 배송기간에 여유가 있다면 10원짜리 물건도 배송비 없이 한국까지 택배로 배송한다. 한국어도 지원되어 한국 소비자 입장에서는 한국 쇼핑몰과 다를 것이 없다.

커피를 마시고 배달음식을 즐기는 데도 고민이 필요하다. 2017년 3월 기준, 한국 내 카페는 9만 개를 넘어섰다. 치킨집은 7만 개 이상으로, 골목길 개수만큼 카페와 치킨집이 있다는 말이 생길 정도다. 배달 서비스인 '배달의 민족'에는 18만 개의 음식점이 소비자의 선택을 기다리고 있다(2016년 10월).

말 그대로 거의 모든 제품과 서비스가 무한경쟁에 들어섰다. 인터넷과 모바일의 발전, 신용카드와 핀테크Fin-Tech 같은 금융 혁신, 해외에서 집 앞까지 이어지는 유통망은 사업을 하는 모든 이에게 기회이자 도전이 되고 있다. 경영 서적에서는 제품과 서비스의 차별화를 강조하지만 차별은 순식간에 모방되고 시장은 금방 레드오션이 되어 버린다.

하지만 진정 놀라운 사실은, 진짜 무한경쟁은 지금부터 시작이라는 것이다.

세계의 공장이라 불리던 중국이 변하고 있다. 과거 비용 절감을 위해 미국, 일본, 한국 등 많은 제조기업들이 중국으로 공장을 옮기거나 중국 공장에 물건을 주문하여 생산했다. 이런 물건에는 전자제품과 부품부터 자동차, 시계, 식기, 의류, 액세서리, 소프트웨어 프로그램까지 분야도 다양했다. 우리가 사용하는 물건에서 '메이드 인 차이나Made in China'를 발견하는 것은 어렵지 않다.

    그간 중국은 선진 기업들로부터 기술과 디자인을 배우고 모방했다. 그리고 독립하여 회사를 차리고 자체 제품을 만들어 14억 자국인들을 대상으로 판매하기 시작했다. 바이두는 구글을 모방하였고, 위챗(회사명은 텐센트)은 페이스북 메신저를 모방했다. 샤오미는 애플을 모방하고, 디디추싱은 우버를 따라했다. 유쿠는 유튜브를, BYD(비야디)는 테슬라를 카피했다.

    이외에도 선진국의 인기 제품과 서비스를 재빠르게 모방하여 자국민에게 제공한 사례는 수도 없이 많다. 한국에서 히트 친 화장품이 출시 한 달 후 상하이 화장품 박람회에 모방품으로 등장하기도 했다. 과거 중국산 제품은 저렴한 대신 품질이 안 좋다는 평가가 많았지만, 이 기업들은 자국시장 경험을 바탕으로 가격 경쟁력과 품질까지 확보하고 세계 시장으로 뛰어들기 시작했다.

    2017년 한국 구글플레이의 앱 마켓 매출 상위 20위 안에 든 중국 게임은 8개나 됐다. 이 8개의 중국 게임은 한국에서 한 해 약 700~800억 원의 매출을 올린 것으로 추정된다. 한국에 출시되는 중국 게임 수도 매년 증가하는 추세다. 중국이 가장 강한 게임장르는 롤플레잉으로, 한국의 유명 롤플레잉 게임회사들이 중국에 센터를 설립하고 중국인을 고용해 게임 개발과 운영을 했던 영향이 크다.

　BYD는 2016년 기준, 판매대수로는 테슬라를 제치고 세계 1위가 된 전기차 기업이다. 과거 선진 기업들이 중국에 공장을 지었던 상황과는 반대로 BYD는 미국, 헝가리, 브라질, 프랑스, 에콰도르 등 세계 각지에 공장을 짓고 있다. BYD 전기버스는 영국 전기버스의 43%를 점유하고 있으며, 세계 100여 나라에 수출되어 운행 중이다. 한국에도 법인을 설립하고 제주에 시승센터를 운영하고 있다.

　2016년 중국 보고서에 따르면, 중국을 제외한 중국산 휴대폰의 세계 시장점유율은 30%에 달했다. 중국 외 세계인 3명 중 1명은 중국 브랜드의 휴대폰을 쓰는 셈이다. 중국산 휴대폰의 점유율은 레노버, 화웨이, 샤오미, 오포 순이다. 레노버는 IBM PC사업부를 인수하고 HP와 세계 1, 2위를 겨루는 세계적인 PC 제조사이기도 하다. 중국 최대 CCTV 전문업체인 하이크비전의 해외 매출 비중도 2015년 26%에서 2017년 상반기에는 30%까지 증가했다.

　중국의 국가 총 GDP는 미국에 이은 2위 대국이다. 중국인의 부와 성공에 대한 열망은 중국을 빠르게 성장시키고 있다. 2016년 중국의 신설 법인 수는 553만 개로 사상 최대치를 기록했다. 매일 1만 5천 개의 회사가 설립되고 있는 셈이다. 중국의 벤처 투자도 미국에 이어 세계 2위 수준이다. 이 많은 기업들 대부분이 세계 시장을 겨냥하고 있다.

미래 제조업의 또 하나의 큰 변혁은 개인 생산이다. 3D프린터는 사용자가 3차원 도면을 입력하면, 재료를 조금씩 쌓아 원하는 물건을 만들어주는 기계다. 재질은 플라스틱이나 고무, 금속까지도 가능하다. 세계적인 항공기 제조사 보잉은 3D프린터로 만든 금속부품을 비행기 엔진에 사용하고 있다.

로컬모터스의 3D 프린팅 자동차, 스트라티(Strati).
출처: flickr.com/photos/departmentofenergy

로컬모터스Local Motors라는 미국 전기차 기업은 세계 최초 3D프린터로 전기자동차를 만들어 세상을 놀라게 했다. 2015년 디트로이트 모터쇼에서 실제 전기차를 제작하는 과정을 보여주고 주행까지 했는데, 완성에 걸린 시간은 고작 44시간이었다.

　다음 해인 2016년, 로컬모터스는 3D프린터로 하루 만에 자율주행이 가능한 전기버스를 만들어 화제가 되기도 했다. 화장품 기업들도 3D프린팅 기술을 사용해 소비자가 원하는 색상을 바로 조합해 만들어 주거나, 콤팩트 파우더나 립스틱에 문양을 새기는 시도를 하고 있다. 의학계에서도 인공치아 등 인공 장기를 만드는 데 3D프린터 활용을 시도하고 있다.
　개인도 도면만 있다면 고무로 된 자전거 헬멧이나 샌들을 몇 시간 만에 제작할 수 있다. 장난감 피규어도 크기를 맘대로 조절해 가면서 프린팅이 가능하다. 3차원 도면을 생성, 조작하는 프로그램도 점점 쉬워지고 있다. 실물을 여러 각도에서 촬영하는 것만으로 3차원 도면을 자동으로 생성해 주는 기술도 나왔다. 3차원 도면을 공유하고 판매하는 인터넷 사이트도 활성화되고 있다. 3D프린터 대여점도 생기고 있어서 머지않아 집집마다 3D프린터를 하나쯤 두는 날이 올 것이다. 지금은 대중화된 종이 출력 프린터도 예전에는 고가여서 산업용이나 기업에서만 사용하던 것이었다.

　거대 자본을 가진 기업만이 생산할 수 있었던 물건을 개인도 만들 수 있는 시대가 오고 있는 것이다. 내 라이프스타일에 맞는 컵이 필요할 때 매장으로 가는 것이 아니라 3D프린터 앞에 앉을 날이 멀지 않았다. 생활용품부

3D 프린터로 만든 정교한 물건들.
출처: flickr.com/photos/fdecomite, flickr.com/photos/creative_tools, Wikimedia Commons

터 자동차까지 스스로 만들어 쓸 수 있게 되면, 자신이 만든 제품을 인터넷으로 전 세계에 팔 수도 있을 것이다. 이로써 기업은 개인과도 경쟁을 해야 한다. 현재 3D프린터의 보급이 3D프린터 제조업체의 생각만큼 빠르진 않지만, 개인 제조는 분명한 변화의 방향이다.

3D프린팅은 소비자가 생산자가 되는 하나의 예일 뿐이다. 개인에게 생산력을 제공하는 도구들이 점점 더 늘어나고 있다. 유튜브는 개인방송, 독립영화 시대를 열고 있다. 자신이 작곡하거나 연주한 음악을 올려 스타가 되기도 한다. 실력만 있다면 유명 엔터테인먼트 회사에 들어가거나 큰돈을 들여 음반을 제작할 필요가 없다. 디지털 출판이나 종이책 형태의 개인출판도 가능해졌다. 모바일 앱이나 컴퓨터 게임을 만드는 일에도 전문지식의 장벽이 점점 낮아지고 있다. 전문 시장에 가면 자신이 향과 재료를 골라 향수나 디퓨저, 화장수도 직접 만들 수 있다.

또한 자신이 생산한 제품을 전 세계로 쉽게 판매할 수도 있다. 글로벌 오픈마켓인 이베이Ebay.com에서는 무기, 마약 등 금지품목 외의 모든 것을 사고 팔 수 있다. 개인도 자신의 중고물품이나 수공예품을 팔 수 있어서, 수제 보트나 목재 테이블이 비싼 값에 팔리기도 한다. 이베이의 2016년 총 거래액은 794억 달러(한화 87조 원)였다.

세계 최대 수공예 거래 사이트인 엣시Etsy의 창업자 칼린Kalin은 목수였다. 그는 자신처럼 손재주 있는 개인들이 쉽게 물건을 팔 수 있는 온라인 마켓을 원했다. 엣시에는 아기자기한 인테리어용품, 액세서리, 목공예, 가죽제품, 반려동물용품 등 완성품도 판매되지만, 고객의 요구를 받아 주문 생산해주는 품목도 있다. 2016년 엣시의 총 거래액은 284억 달러(한화 31조 원)였으며, 이는 전년 대비 19% 성장한 수치다. 전 세계 170만 명의 수공예 장인이 엣시에서 물건을 팔고 있고, 2016년 한 해 2,860만 명의 고객들이 엣시에서 물건을 샀다. 아프리카 어느 시골의 목공 예술가가 만든 작품도 이제 침대에 누워 주문할 수 있게 되었다.

국가 간 거래의 문을 활짝 열어줄 또 하나의 금융 혁신은 디지털 화폐다. 지금까지 국가 간 화폐 이동은 환율과 금융 수수료라는 두 가지 장벽이 있었다. 아프리카 등 저개발국에서는 거래 수수료가 송금하려는 원금을 넘어서는 경우도 있었다. 하지만 비트코인과 같은 디지털 화폐는 환율도, 거래 수수료도 없다. 처음 구매할 때만 약간의 수수료가 있을 뿐이다. 독일, 일본, 호주는 벌써 비트코인을 합법적인 결제 수단으로 인정했다. 디지털 화폐가 더 활성화되면 글로벌 거래도 한 단계 더 성장할 것이다.

이런 변화들은 기업의 생존을 더욱 어렵게 만들고, 소비자에게는 더 많은 선택 옵션을 제공할 것이다. 사업자는 치열한 경쟁 속에서 고객의 선택을 빼기 위한 새로운 혁신을 모색해야 하고, 소비자는 더 효율적인 제품 선택의 방법을 찾아야 한다. 이것은 둘 모두에게 기회이자 도전이 될 것이다.

11 새로운 소비자가 오고 있다

'화해'라는 모바일 앱은 한국에 출시된 화장품들의 제품 정보와 화장품에 포함된 전체 성분을 보여준다. 유해성분이나 주의성분이 몇 가지나 들어있는지, 민감성 피부에 자극이 되는 성분은 얼마나 함유되어 있는지 알려준다. 그리고 실제 사용 고객의 솔직한 리뷰를 제품 평가에 반영하여, 소비자가 안전한 화장품을 선택할 수 있도록 도와준다. 이제 소비자들은 제조사가 일방적으로 내보내는 광고 메시지보다 이런 앱의 고객 평가나 소셜 네트워크에 올라온 일반인들의 사용후기를 보고 제품을 선택한다. 제품 사용 중에 문제나 불편이 발생하면 고객센터가 아니라 인터넷에 먼저 알리고 다른 소비자의 구매 선택에 적극적으로 영향을 끼친다.

환경단체 그린피스는 환경적으로 유해한 휴대폰이 무엇인지 비교하여 공개하는데, 그들에 의하면 휴대폰 제조사들은 고장이 나거나 수리를 어렵게 하는 방법을 통해 자신들의 이익을 극대화한다고 한다. 제조사는 보통 개인이나 제3자에 의한 수리는 불가하다는 방침을 세우고 있다. 메모리 확

장을 못하도록 회로기판에 납땜질을 하고, 배터리는 강력 접착제로 붙여서 신제품 구매를 유도한다. 별모양 드라이버 같은 특수 공구가 없으면 기계 자체도 열 수 없도록 만든다. 전후면 유리를 사용해 충격에 더 취약하게 만들고, 수리 매뉴얼이나 부품을 별도로 제공하지 않는다. 공식 수리센터에서는 과도한 서비스 비용을 청구한다. 심지어 일부 구형 기기에서는 일정 기간이 지나면 의도적으로 느려지거나 오작동하도록 만들어 신제품 구매를 유도하기도 한다.

2003년 설립된 미국의 아이픽스잇iFixIt은 이런 제조사 정책에 반대하여, 소비자도 휴대폰 수리를 할 수 있는 방법을 제공한다. 그들은 새로운 아이폰이 나올 때마다 분해하여 수리방법을 연구하고, 수리 매뉴얼을 제작하여 배포한다. 그리고 필요한 부품과 도구를 제작하여 인터넷을 통해 판매함으로써 개인이나 사설 수리센터가 싼 값으로 아이폰을 업그레이드하거나 수리할 수 있도록 지원한다.

한국 기업의 회장이 운전기사에게 폭언을 한 내용이 인터넷에 유포된 적이 있었다. 빠르게 사과문을 올렸지만 회장의 과거 행태까지 추가로 인터넷에 퍼지면서 기업 이미지는 실추되었고, 회장은 경찰 조사를 받아야 했다. 모 기업은 여직원에 대한 연이은 성추문 논란으로 홍역을 치러야 했다. 여성을 주 고객으로 하는 기업이어서 소비자의 분노는 더 컸다. 이런 내용은 인터넷을 통해 빠르게 퍼졌고, 그 후 입사거부와 불매운동으로 이어졌다. 홈쇼핑사들은 이 기업의 제품 판매방송을 즉각 중단했고, 기업의 주가도 떨어졌다. 인터넷에 한 번 올라간 내용은 원문이 삭제돼도 사본이 계속 퍼지기 때문에 내용을 완전히 없애는 것은 현실적으로 불가능하다. 지면신문 시절에는 여러 가지 방법으로 안 좋은 기사를 가릴 수 있었지만, 온라인 뉴스 시대에는 기업에 불리한 기사라도 사람들에게 가장 인기 있는 기사가 맨 위에 위치하게 되어 더 많은 조회수를 얻게 된다.

인터넷은 정보 주도권을 기업에서 소비자에게로 이전시켰다. 전에는 충분히 숨길 수 있었던 기업의 치부가 쉽게 드러나고 퍼진다. 그리고 그 파급력과 영향력은 기업의 생존을 위협할 만큼 커졌다. 경쟁제품이 많아진 만큼 소비자가 다른 제품으로 이전하기 위해 드는 교체비용은 매우 낮아졌다. 소비재의 경우는 그저 마음만 고쳐먹으면 비슷한 품질과 가격의 제품을 바로 옆에서 구할 수 있다. 필요하다면 언제 어디서나 다른 나라의 제품까지도 쉽게 구할 수 있게 되었다. 스마트폰은 구매에 필요한 공간의 제약마저 없앴다. 매장에서 제품을 살펴보고 그 자리에서 스마트폰으로 더 싸게 구매하는 '쇼루밍Showrooming'이 전체 구매의 18%를 차지하며, 온오프라인을 넘나들며 정보와 가격을 비교하고 구매하는 '옴니쇼퍼Omni-shopper'는 40%가 넘는다는 조사 결과도 있다(2015년).

포스트모더니즘은 소비행동에 큰 변화를 가져오고 있다. 포스트모더니즘은 모더니즘에 대한 반성에서 시작되었다. 모더니즘은 자본주의를 발달시키며 물질적 풍요를 가져다주었지만, 효율중시와 전체주의라는 문제를 남겼다. 현대에 전체주의가 가장 확실하게 남아있는 조직이 바로 기업이다. 전체의 목적, 즉 기업의 이윤 극대화를 위해 개인의 자유와 행복은 희생되어 왔다. 포스트모더니즘은 획일과 권위를 버리고, 소수의 개성과 자유를 추구한다. 하나의 정답만 있는 인생이 아닌 삶의 다양성을 인정하며 인생은 객관식이 아님을 깨우친다. 무작정 성공을 향해 달리던 사람들이 멈춰 서서 주변 사람들과 대화를 하기 시작한 것이다. 우리가 누군가에게 식사를 대접하는 것은 그에게 뭔가를 얻어내기 위함이 아니라, 그냥 그와 함께 있는 것이 좋아서일 수도 있겠다는 생각을 하게 된 것이다. '세상에 공짜는 없다'라는 말이 마치 인류의 지혜를 한 문장으로 요약해 놓은 것처럼 회자되기도 하지만, 포스트모더니즘은 '세상에는 공짜도 있다'는 것으로 반론한다.

'이것만이 정답일까?', '부자가 되어야만 행복한 것일까?', '다르게 살면서 행복할 수는 없을까?'라는 고민들이 여러 가지 삶의 방식, 다양한 라이프

스타일을 낳게 되었다. 휘게나 미니멀 라이프스타일의 인기는 이런 대안을 찾는 과정에서 나타난 현상이다. 라이프스타일 변화는 필연적으로 소비의 변화를 가져온다. '남들이 결혼한다고 나도 해야 하나?', '남들이 대기업에 간다고 나도 가야 하나?'라는 생각은 '남들이 입는다고 나도 입어야 하나?', '남들이 산다고 나도 사야 하나?'라는 생각으로 이어졌다. 다른 사람의 시선에 신경 쓰는 과시형 소비와 유행에 뒤쳐지지 않으려는 모방 소비가 다른 대안을 찾기 시작한 것이다.

한국은 세계 8위의 명품 소비국이다. 하지만 한국 명품시장의 성장세는 2013년을 기점으로 꺾이기 시작하면서, 명품 브랜드 한국법인의 이익은 반토막이 나기 시작했다. 한국 크리스챤 디올은 이때 이후부터 2016년까지 적자 상태를 유지하고 있다.

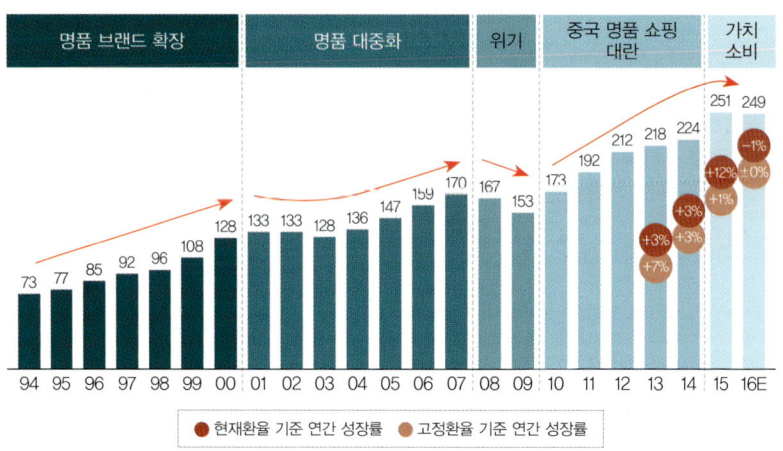

세계 명품 시장 추이(1994년~2016년 추정, 단위: 십억 유로). 출처: 베인앤컴퍼니 (2016)

세계 명품시장의 상황도 크게 다르지 않다. 2016년에는 금융위기 여파가 미쳤던 2009년 이후 처음으로 마이너스 성장을 기록했다. 백만장자를 꿈꾸는 많은 중국인들의 신분 과시형 소비가 세계 명품시장을 근근이 지탱하고 있는 실정이다. 자본주의 역사가 짧은 중국은 모더니즘에 대한 회의가 그만큼 적어 세계적 포스트모더니즘 흐름에서 한 발 벗어나 있다. 2010년 세계 5위였던 중국의 명품 소비는 2015년 세계 3위로 올라섰다. 명품 브랜드들이 중국에 화려한 플래그십 스토어를 여는 등 총력을 기울이는 이유가 여기에 있다.

물론 많은 중국인들처럼 럭셔리 라이프스타일을 가진 사람들은 여전히 명품을 구매한다. 그들은 내가 속한 계층의 상징으로서, 또는 다른 사람들의 부러움의 대상이 되기 위한 소품으로 명품을 소유한다. 그러나 과거 명품 소비자 중 일부는 생각을 바꾸기 시작했다. 나는 어떤 삶을 살기 원하는지, 거기서 명품 소유는 어떤 가치를 가지는지 고민하기 시작한 것이다. 자신의 삶의 목적 달성에 도움이 되지 않는다면 굳이 명품을 살 필요가 없으니 말이다.

이런 시대 변화에 따라 구찌, 루이뷔통, 샤넬 같은 명품 브랜드들은 그들의 유구한 장인정신을 강조하는 마케팅으로 전환했다. 전시회를 열거나 카페, 플래그십 매장을 통해 새로운 마케팅 메시지를 전달하고 있다. 기존에는 "아무나 못 살만큼 비싸니 사세요"라는 메시지였다면, "비결을 전수받은 장인이 수작업으로 정성 들여 만든 것이니, 소중한 당신의 삶을 풍요롭게 해 줄 거에요"라는 메시지로 전환하고 있는 것이다.

과시적 소비와 모방 소비로부터 포스트모더니즘이 찾은 대안이 바로 가치소비다. 가치소비란 삶의 목표와 가치관을 정하고 그 기준에 맞춰 소비를 하는 것이다. 같은 제품이라도 각자 가진 가치관에 따라 다른 의미를 준다. 값비싼 유기농 식품을 예로 들면, '건강'과 '안전'이 삶의 핵심가치인 사람에게는 꼭 필요한 의식주의 요소이지만, '성공'을 추구하는 사람에게는 자기 보상과 과시의 역할을 한다. 미니멀리스트에게는 불필요한 과소비로 여겨질 수 있겠고, '관계'나 '가족'이 삶의 중심인 사람에게는 사랑이나 우정의 표현 수단이 될 수 있다. 가치소비 관점에서 보면, 같은 소비를 통해 얻는 가치의 크기와 의미는 개인마다 제각각이다. 이런 차이는 단지 나이나 소득 수준에서 오는 것이 아니라 추구하는 삶의 방식, 즉 라이프스타일에서 오는 것이다.

포스트모더니즘의 확산은 삶의 목적과 방향에 대한 고민과 라이프스타일의 다양성을 가져왔고, 인터넷을 통해 빠르고 풍부하게 유통되는 정보와 제품들은 소비자가 라이프스타일에 따라 소비를 선택할 수 있는 환경을 만들어 주었다. 이에 따라 소비자에게 가치소비는 자연스런 선택이 되고 있다.

미래 소비자는 더 좋고 싼 제품을 찾아내기 위해 인터넷 정보력을 활용하는 현대 소비자보다 조금 더 똑똑해진 소비자가 아니다. 미래 소비자는 여론을 만들어 기업의 생존을 위협하기도 하고, 신생 브랜드를 단숨에 명품의 반열에 올리기도 한다. 기업의 제조과정에 직간접으로 관여하며, 직접 제조할 수 있는 능력까지 갖췄다. 더 이상 기업의 마케팅이나 유행에 휘둘리지 않으며, 자신의 가치 기준에 따른 소비를 지향한다. 큰 기업이 아닐지라도 나를 이해하는 브랜드를 찾아내어 구매함으로써 개성을 표현한다. 좀 더 똑똑해진 소비자가 아니라 완전히 새로운 소비자가 오고 있다.

기존 마케팅은
가장 중요한 것을 놓쳤다

현대 마케팅 예산의 대부분은 제품 광고와 프로모션에 쓰인다. 광고 효과를 높이기 위해 인기 연예인과 계약하고 미디어 노출을 늘린다. 할인 쿠폰과 판매 수수료, 판촉 장려금, 무료 증정품과 같은 프로모션에도 꽤 많은 비용을 쓴다. 기업은 광고, 프로모션 예산을 더 늘리고 있지만, 소비자는 다양한 방법으로 광고를 차단하고, 제품 할인을 당연한 권리로 생각하게 되었다. 인기 연예인을 찾아 계약을 맺고 광고를 제작하는 것은 기업에게 꽤 비중 있는 마케팅 활동이다. 그 연예인을 좋아하는 팬들이 단기적으로 제품을 구매해 줄 수 있겠지만, 인기와 계약기간은 영원하지 않다. 소비자는 연예인 때문에 브랜드를 장기간 좋아하거나 지속적으로 구매하지 않는다. 이 때문에 라이프스타일 기업들은 공통적으로 스타 광고 마케팅을 하지 않는다.

브랜드 학자이며 마케팅 베스트셀러의 저자이기도 한 마틴 린드스트롬 Martin Lindstrom은 '마케팅이란 다양한 기술을 사용해 소비자를 전략적으로 유혹해서, 이유는 모르지만 그 상품이 필요하다고 느끼게 하는 것'이라 정의

했다. 하지만 미래 소비자는 이유도 모른 채 구매의 유혹에 빠지지 않는다. 기업이 소비자의 삶에 가치가 없는 제품을 구매하도록 유혹하는 것은 점차 어려워지고 있다.

광고나 할인행사와 같은 제품 중심의 마케팅은 개별 고객이 아닌 대중을 상대로 어떻게든 너 팔아보려는 목적을 가지고 있기 때문에 비효율적이라는 단점이 있다. 이런 제품 중심 마케팅의 한계는 기업이 고객 마케팅으로 눈을 돌리도록 만들었다. 오늘날 고객 마케팅은 고객의 정보를 분석해 개별적인 광고나 프로모션을 하는 것이 주된 활동이다. 예를 들어 고객의 나이와 구매이력을 조합해 특정 그룹에만 쿠폰을 발행하는 식이다. 기업은 이를 위해 고객 정보를 시스템으로 관리하고, 구매 이력을 축적한다. 최근에는 빅데이터 기술과 통계적 분석 기법까지 활용하기도 한다. 하지만 이런 기술의 진보는 분석할 수 있는 데이터의 종류와 범위만 넓혔을 뿐, 고객이 느끼는 혜택은 빅데이터 분석 전과 크게 다르지 않다.

진화된 기술을 활용한 전형적인 고객 마케팅 방법은 '개인화 추천'인데, 한 고객의 데이터와 다른 고객들의 데이터를 비교해서 고객이 살만한 제품을 추천해 주는 방법이다. 하지만 안타깝게도 소비자는 추천 품목보다 할인율에 더 민감하게 반응한다. 구매이력에 대한 빅데이터 분석을 통해 미성년자 고객이 임신했다는 사실을 추정해내고 기저귀 광고를 보냈다는 유명한 빅데이터 사례가 있다. 하지만 기저귀 광고를 보낸 것과 고객이 광고된 기저귀를 구매하는 것은 별개의 문제다. 소비자에게는 많은 구매 대안들이 존재한다. 요즘 소비자가 기업이 광고하는 브랜드와 제품을 선뜻 구매하는 경우는 거의 없다.

마케터들은 제품을 기획하는 단계부터 고객과 경쟁제품들을 고려해 소규모 고객 집단을 위한 차별적인 제품을 만들어, 생산 이후의 마케팅 수고를 덜려고 했다. 이런 제품 기획은 보통 소비자를 몇 개의 집단으로 나누고 그중 원하는 집단을 선택한 뒤, 그 집단에서 경쟁제품과 어떻게 차별화할지를 결정하는 STP_{Segmentation, Targeting, Positioning} 과정을 거친다. 고객 세분화 단계에는 소득수준, 나이, 성별과 같은 인구통계학적 지표가 일반적으로 활용된다. '월수입 800만 원 이상의 50대 전업주부'와 같은 집단으로 세분화하고, 이 집단을 나타내는 전형적인 라이프스타일을 정의하는 식이다. 그런데 이런 활동 대부분은 몇몇 마케터의 상상에 의존하거나 표본집단 분석을 통해 이루어진다는 한계가 있다. '월수입 800만 원 이상의 50대 전업주부'를 위한 제품을 '월수입 300만 원의 20대 직장인 남성'이 기획하는 경우도 있다. 실제 '월수입 800만 원 이상의 50대 전업주부' 몇 명을 모집해 대화하는 표적 집단 면담 FGI: Focus Group Interview 같은 방법도 있지만, 이 역시 소수 표본 분석 결과를 전체로 일반화하는 단점을 가지고 있다.

'월수입 800만 원 이상의 50대 전업주부'라는 정의에서 우리는 그 집단이 추구하는 삶의 방식과 가치를 발견할 수 없다. 인구통계학적 지표들은 겉으로 나타나는 현재 상태만을 반영할 뿐, 개인의 삶의 목표나 꿈꾸는 미래상은 포함하지 않는다. 기존의 제품 기획 방식에서 젊게 사는 노인, 여자처럼 꾸미는 남자, 부자를 열망하는 사회초년생과 같은 사람들은 자신의 라

이프스타일과 전혀 다른 인구통계학적 세분집단으로 분류되어 버린다.

그루밍Grooming족이란 여성만큼이나 외모에 신경 쓰는 남성을 일컫는데, 정성껏 피부를 관리하며 색조화장과 제모를 하기도 한다. 식품의약품안전처의 2015년 화장품 사용실태 조사에 따르면 BB크림을 사용하는 한국 남성 비율은 19%로, 성인 남성 5명 중 1명은 BB크림을 사용하고 있다. BB크림은 남성이 가장 먼저 사용하게 되는 색조 화장품으로, 남성 그루밍의 상징적인 제품이다. 한국 남성은 세계에서 가장 많은 화장품을 사용한다는 조사 결과도 있다. 요즘 중년 남성 중에도 BB나 눈썹 화장을 하거나, 하고 싶어 하는 사람들이 있다. 그루밍은 나이나 성별이 아니라 화장에 대한 태도, 그 저변에 깔린 삶과 타인에 대한 태도가 결정한다. 남성 그루밍족의 화장품 소비는 화장을 하지 않는 여성보다 더 여성적이다. 그들은 자기 전에 마스크팩과 피부노화방지 크림을 바르고 출근하기 전에는 거울 앞에서 색조 화장을 한다. 화장품 사용 행태로만 보면 이들은 여성의 라이프스타일에 더 가깝다.

마케팅의 목표는 브랜드 인지도와 선호도를 높이거나, 시장점유율과 매출을 늘리는 것에 있다고 말한다. 하지만 여기서 기존 마케팅이 중요하지만 놓치고 있는 것은 내 고객에 대한 깊은 이해다. 여기서 '깊다'라는 수식어는 나이나 소득수준, 구매이력을 넘어, 바라는 삶의 모습, 이루고자 하는 목표나 소망, 롤모델 같은 것까지를 의미한다. 고객은 인구통계학적인 지표들로 분석하는 대상이 아니라 그들의 삶의 가치와 라이프스타일을 묻고 이해해야 할 공감의 대상이다. 이것은 기존 방식에 비해 훨씬 개인적이며 심리적이다. 개별 고객에 대한 깊은 이해를 바탕으로 그들의 삶의 목적 달성을 위해 기업이 제공할 수 있는 가치가 무엇인지 진지하게 고민해야 할 때가 왔다. 미래 마케팅의 역할은 고객의 라이프스타일을 깊이 이해하고 그들이 추구하는 라이프스타일을 지원하는 제품과 서비스, 또는 브랜드를 제안하는 일이 될 것이다. 브랜드 인지도나 선호도는 이를 위한 수단이고 시장점유율과 매출은 자연스럽게 따라오는 결과일 뿐이지, 마케팅의 목표가 아니다.

개별적인 라이프스타일을 이해하여 가치를 제안하는 이상적인 마케팅이 과연 현실에 있을 수 있을까? 지독한 경쟁 속에서도 유독 매상이 높은 가게가 있다. 이런 가게는 보통 단골이 많은 오래된 동네가게다. 이런 가게에는

손님이 놀다 갈 수 있는 공간과 여유가 있다. 동네 사람들은 꼭 물건을 사지 않더라도 가게에 와서 차도 얻어 마시고 수다도 떨고 간다. 빅데이터 같은 첨단기술을 동원하지 않더라도 주인은 자연스럽게 고객 한 명, 한 명에 대한 깊은 이해를 얻는다. 이를 바탕으로 그들이 원하는 것, 원할지도 모르는 것을 고민하고 그들이 필요한 때에 그것을 제공한다. 그렇게 가게의 인지도와 선호도는 올라가고, 매상도 뒤따라 올라가는 것이다.

마케팅은 고객을 유혹하고 속이는 행위가 아니라, 고객의 마음을 읽고 그들의 삶을 풍요롭게 도와주는 활동으로 변화할 필요가 있다. 수많은 고객의 라이프스타일을 하나하나 이해하고 맞추는 일은 동네가게에서나 가능한 것일지도 모른다. 하지만 하나의 라이프스타일을 정하여 제안하는 것이라면 불가능한 것도 아니고, 이미 성공한 사례들이 많이 나타나고 있다.

13 라이프스타일을 팔아라

유행 따라 너도나도 같은 제품을 구매하는 소비행태는 점차 사라지고, 자신의 가치관과 개성을 표현할 수 있는 제품을 선택하는 시대가 오고 있다. TV 광고와 같은 매스 마케팅은 힘을 잃고, 정보의 주도권은 소비자에게 넘어가고 있다. 이제 소비자는 세상의 어떤 제품도 구매할 수 있는 정보력을 가지게 되었지만, 동시에 딜레마에 빠지게 되었다. 구매할 수 있는 제품과 서비스가 폭발적으로 늘어나게 되면, 너무 많아서 아무 것도 선택할 수 없는 '선택의 딜레마'에 빠진다. 시간과 노력을 들이면 더 싸고 좋은 제품을 고를 수 있겠지만, 얼마나 더 시간을 들이는 것이 좋을지는 알 수가 없다. 너무 많은 시간을 들인다면 검색하느라 소모한 비용이 절약한 비용보다 커질 수도 있다. 따라서 소비자는 누군가 자신을 대신해 수많은 제품 속에서 자신에게 맞는 제품과 서비스들을 골라 제안해 주기를 원하게 된다.

　가치소비 시대에 자신에게 맞는 제품이란 자신이 꿈꾸는 삶의 모습이 투영되어 있거나, 자신의 삶의 목적과 지키고자 하는 가치를 지원하는 제품이다. 이런 제품이나 서비스를 직접 만들거나 찾아서 고객에게 제안하는 것을 라이프스타일 제안이라고 한다. '라이프스타일을 판다' 또는 '제안한다'는 것은 하나의 라이프스타일을 깊이 이해하고 그런 라이프스타일을 풍성하게 해줄 하나 또는 여러 가지의 제품과 서비스를 제공하는 것을 의미한다. 그리고 이런 비즈니스를 라이프스타일 비즈니스라고 한다. 라이프스타일 비즈니스는 고객에게 "이렇게 살아보는 건 어때요?"라고 제안하고, 거기에 고객이 "그래, 내가 꿈꾸는 삶이 이거야"라거나 "아, 이렇게 살고 싶다"라고 동의할 때 성립된다.

하나의 라이프스타일을 깊이 이해한다는 것은 그런 삶을 사는, 또는 살고 싶은 고객을 깊이 이해한다는 것과 같다. 이런 면에서 다가오는 가치소비 시대에 가장 적합한 마케팅은 라이프스타일 제안이다. 억지로 무언가를 팔려는 것이 아니라 고객을 진심으로 이해하는 따뜻한 마음으로 "이런 삶을 살고 싶은 거지요?"라고 제안하는 것이다. 미래에는 고객의 특별한 삶의 방식을 이해하고 지원하는 라이프스타일 제안만이 고객의 마음을 얻고, 고객의 지갑을 열 수 있다.

라이프스타일 제안은 제품의 홍수 속에서 빛을 발한다. 라이프스타일 제안은 보통 하나의 제품보다는 그런 라이프스타일을 지원하는 일련의 제품과 서비스들로 구성된다. 그리고 라이프스타일 제안은 계속 확장될 수 있다. 따라서 고객은 정보 탐색에 많은 시간과 노력을 들이지 않고 자신이 추구하는 라이프스타일 제안을 구성하는 제품과 서비스들만 살펴보면 되는 것이다.

라이프스타일 비즈니스는 소비자가 해야 할 수고를 대신함으로써 소비자가 겪는 선택의 딜레마를 해결해 준다. 따라서 고객은 자신이 추구하는 라이프스타일을 제안하는 매장을 자주 들러서 새로운 제안들을 살펴보면 된다. 굳이 다른 쇼핑몰들을 옮겨 다니며 탐색하는 수고를 할 필요가 없다. 대표적인 미니멀 라이프스타일 샵인 무인양품은 식기, 문구, 전자제품, 가구, 의류, 화장품 등 15종 7천여 가지의 미니멀 제품을 통해 미니멀리스트의 수고를 덜어준다.

최근 라이프스타일 샵을 표방하는 가구 브랜드나 인테리어 잡화점, 생활용품 매장들이 많아졌다. 기존 편집 샵들도 라이프스타일 샵으로 명패를 바꿔 달고 있다. 하지만 대부분은 특별한 라이프스타일을 제안하지 못하는 잡화점일 뿐이다. 라이프스타일에 대한 고민 없이 모아놓은 예쁘고 신기한 물건들은 또 다시 소비자에게 '내 삶에 적합한 물건인지' 판단해야 하는 선택의 고민을 던져준다. 고객의 매장 재방문율이 낮다면 진정한 라이프스타일 샵이 아닐 가능성이 높다. 다이소 같은 저가 생활용품점은 '절약'과 '검소함'이 삶의 중요한 가치인 사람에게는 평생 방문하는 라이프스타일 샵이지만,

현재의 소득 수준 때문에 어쩔 수 없이 그곳을 선택한 고객일 경우 소득이 올라가면 더 이상 찾지 않게 된다.

'라이프스타일을 판다'는 개념은 1960년대 이후 여러 전문가들을 통해 제안되었지만, 최근 마스다 무네아키의 책 《지적자본론》에 소개되어 인기를 얻었다. 그는 자신이 세운 츠타야Tsutaya 서점을 라이프스타일 제안의 실험장으로 활용하고 있다. 츠타야 서점은 독특한 진열 방식과 카페와 서점을 결합한 인테리어로 새로운 일본 관광지로 주목 받고 있다. 츠타야 서점의 책 진열방식은 서점들이 일반적으로 사용하는 십진분류법이 아닌 자체 개발한 22종 테마별 분류법을 사용한다. 요리, 자동차, 여행 등 고객이 찾는 주제별로 책을 구분해 놓았다.

중간중간 놓인 독립 판매대에서는 책과 그 책에 관련된 소품을 함께 판다. 컨시어지Concierge라고 불리는 테마 전문가들이 주제별로 고객이 좋아할 만한 소품들을 선별해 함께 제공한다. 킨포크 잡지 판매대에는 킨포크 스타일의 식기와 양초를 함께 진열해 킨포크 라이프스타일 소비자에게 선택의 편의를 제공한다. 하와이 여행 코너에는 여행 가이드 책뿐만 아니라 훌라 춤 추는 법, 하와이의 자연 같은 책도 함께 두고, 하와이 음악CD나 하와이안 티셔츠를 함께 판매한다. 양념 만들기 코너에는 요리 책과 함께 양념 재료나 기성품인 양념들을 함께 판다. 서점이라는 타이틀을 달았지만, 판매 품목만 보면 잡화점에 더 가깝다.

라이프스타일 비즈니스는 하나 또는 복수의 라이프스타일을 제안한다. 츠타야 서점 다이칸야마점은 중년의 여유를 즐기려는 고객과 그런 라이프

츠타야 다이칸야마 T-Site(위)와 츠타야 긴자와 하코다테점 내부(아래)
출처: flickr.com/photos/chinnian, flickr.com/photos/djquietstorm

스타일을 동경하는 청년 고객을 대상으로 설계되었다. 그래서 실내에서도 공원의 느낌이 나도록 자연광을 들이고, 나무들의 위치를 설계했다. 도서는 고급 취미와 여가생활 중심으로 진열하고, 럭셔리 카페의 상징인 스타벅스 매장을 서점과 경계 없이 배치했다. 이를 통해 자연광이 드는 나무 밑 테이블에 앉아 스타벅스 커피를 마시며 책을 보는 여유로움을 만들어 냈다. 그리고 각 판매대는 요리, 여행 등 좀 더 세부적인 라이프스타일을 위한 제안들로 채웠다. 서점 전체로는 하나의 큰 라이프스타일을 제안하고 그 안에서 복수의 작은 라이프스타일을 제안하는 셈이다.

하나의 라이프스타일을 제안한다는 것은 그 라이프스타일에 대한 완벽한 이해를 전제로 한다. 라이프스타일에 대한 이해는 그 라이프스타일을 형성한 핵심가치와 삶의 목적을 이해해야만 가능하다. 라이프스타일은 단순한 취미나 취향이 아니라, 추구하는 삶의 전체적인 모습이다. 따라서 라이프스타일 비즈니스는 특정 고객 집단이 가장 이상적으로 생각하는 삶의 모습과 꼭 하고 싶은 경험이 무엇인지 파악해야 한다. 특정 라이프스타일을 가장 잘 이해하는 방법은 그 라이프스타일을 갖고 사는 것이다. 다시 말해 이것은 자신과 다른 라이프스타일을 진심으로 이해하기 어렵다는 뜻이기도 하다. 성공한 삶을 지향하는 럭셔리 라이프스타일은 돈보다 따뜻한 관계를 중시하는 킨포크 라이프스타일을 진심으로 이해하지 못한다. 돈이 최고 가치인 사람은 아무런 대가나 장래의 보답 없이 식사를 대접하는 행위를 이해하지 못한다. 50·60대가 되어서도 젊게 살고 싶은 노노(No老)족의 마음을 20대가 상상과 통계 수치만으로 이해하는 데는 한계가 있다.

라이프스타일 디자이너는 특정 라이프스타일에 대한 소비자 겸 공급자로서, 라이프스타일 제안의 구성요소를 설계하는 사람이다. 자기 스스로가 그 라이프스타일로 살고 있기 때문에 같은 라이프스타일을 추구하는 고객들에 대한 깊은 이해를 가지고 있다. 그는 이런 이해를 바탕으로 적합한 제품과 서비스를 찾거나 개발한다. 여기에는 고객이 이미 알고 찾는 제품은 물론, 고객이 미처 생각지 못한 것들도 포함될 수 있다. 지금 당장 쓰임이 없더라도 미래 삶의 모습을 상징하는 어떤 것일 수도 있다. 그것은 그 라이프스타일을 추구하는 사람들이 가슴 설레고 소망하도록 하는 대상이다.

라이프스타일 디자이너에게는 전문적인 지식과 안목이 필요하다. 어디에 고객이 좋아할만한 물건이 있는지, 물건의 어떤 요소가 고객에게 중요한지, 어느 정도 되어야 고객이 원하는 조건을 만족시키는지 등 일반 소비자보다 더 전문적인 식견과 안목이 필요하다. 이런 역량이 일반 소비자보다 부족하다면 고객은 디자이너의 제안을 거부하고 직접 찾게 된다.

또한 라이프스타일 제안은 고도의 창조 활동이다. 라이프스타일 비즈니스는 고객이 그 라이프스타일을 추구하는 한, 평생 함께할 수 있는 비즈니스다. 따라서 고객이 지속적인 가치를 얻으려면 제안은 고정되어 있지 않고 계속 진화하고 확장되어야 한다. 이것은 라이프스타일 디자이너가 고객이 경험하지 못한 새로운 제품과 서비스를 계속 발굴해내야 한다는 의미이다. 디자이너 스스로가 자신이 제안하는 라이프스타일을 가지지 않고는 힘든 일이다.

라이프스타일 디자이너는 기존 마케터나 MD_{Merchandiser}와는 다르다. 디자이너에게 고객은 물건을 팔아야 하는 상대가 아니다. 이들은 고객과 같은

삶을 살면서, 고객과 자신의 행복하고 풍요로운 삶을 어떻게 만들 수 있을지 고민한다. 이런 진심 어린 고민으로부터 나온 제안의 혜택은 고객과 함께 자신도 누린다. 여기에서 진정성과 따뜻함이 나오고, 고객은 그가 설계한 라이프스타일 제안을 통해 그것을 느낄 수 있다.

변화를 읽으면 미래가 보이고, 미래가 보이면 유리한 고지를 선점할 수 있다. 시장이 변하고, 소비자가 변하고 있다. 소비자는 라이프스타일 제안을 원할 수밖에 없고, 그것을 준비하지 못한 기업은 라이프스타일 비즈니스 기업들에게 고객을 평생 뺏길 수도 있다. 라이프스타일 비즈니스는 미래 비즈니스에서 꽤 유리한 고지임이 확실하다. 하지만 이것은 기업과 사업가에게 많은 변화를 요구한다. 지금까지와는 다른 마케팅 방법을 시도하고, 라이프스타일 제안 역량을 새로이 확보해야 한다. 그러나 지금부터라도 라이프스타일 비즈니스를 이해하고 준비하지 않으면 미래 경쟁에서 도태될 수밖에 없다. 라이프스타일 시대는 오고 있다.

14 고객이 아닌 팬을 얻어라

미국 〈와이어드〉Wired 잡지를 창간한 케빈 켈리Kevin Kelly가 쓴 〈1,000명의 진정한 팬〉1,000 True Fans이라는 유명한 블로그 글이 있다. 이 글의 핵심은 1인 창작자에게 1천 명의 진정한 팬이 있다면 그는 평생 먹고 살 수 있다는 것이다. 여기서 말하는 진정한 팬이란 창작자가 무엇을 하든 지지하고 구매해주는 고객을 말한다. 이들은 수백 킬로를 달려 콘서트에 오고, 감독판 같은 새로운 에디션이 나오면 구매한다. 서명본을 소장하고, 다음 작품을 애타게 기다린다. 1명의 팬이 1년에 창작자에게 쓰는 돈이 10만 원이라면, 1천 명이면 1년에 1억 원이다. 이 정도면 창작자 혼자 생활하기에 충분한 수입이다. 따라서 창작자는 무작정 빅히트를 노릴 것이 아니라 진정한 팬을 한 명이라도 늘리는 데 주력해야 한다. 팬들이 연 100만 원을 쓰게 할 수 있다면 100명으로도 충분하며, 창작에 참여하는 구성원이 여러 명이라면 그만큼 더 많은 팬이 필요하다.

 이것은 비즈니스에도 똑같이 적용된다. 사업자에게 있어 팬은 안정적인 수익원인 동시에 홍보 대사며, 아이디어 제공자이기도 하다. 고객은 지켜보지만, 팬은 참여하고 소통한다. 또한 팬은 사업자의 든든한 지원군이자 동반자이다. 사업자가 언론의 도마 위에 오르는 경우에 고객은 등을 돌리지만 팬은 사업자의 편에 서서 그를 옹호하고 보호한다. 그리고 팬의 존재는 사업의 높은 수익성을 보장한다.

 고객은 어떻게 팬이 될까? 고객이 브랜드에서 강한 동질감을 느끼거나, 만족감이 장기적이고 지속적으로 이뤄질 때, 또는 예상하지 못했던 감동을 경험했을 때 고객은 팬이 된다. 이런 면에서 라이프스타일 비즈니스는 팬을 얻기에 가장 좋은 비즈니스 모델이다.

라이프스타일 비즈니스는 특정 고객 라이프스타일에 대한 완전한 이해를 바탕으로 한다. 따라서 고객은 라이프스타일 제안으로부터 '어떻게 이렇게까지 나를 잘 알까?'하는 감동을 지속적으로 경험하게 된다. 라이프스타일 디자이너를 비롯하여 라이프스타일 비즈니스의 구성원은 고객과 같은 라이프스타일을 가졌거나, 고객의 가치관과 라이프스타일을 잘 이해하는 전문가들이다. 또한 여기 고객 모두가 같은 라이프스타일을 가지고 있다. 따라서 이들 간의 커뮤니케이션은 매우 즐겁고 유익한 경험이 되며, 고객은 이 속에서 강한 동질감을 느끼게 된다.

기존 마케팅 방식으로 고객을 세분화하여 20대를 위한 브랜드를 출시했다고 하자. 시간이 지나 고객이 30대가 되면 이 브랜드를 떠난다. 따라서 이 브랜드는 계속해서 새로운 20대 고객을 발굴해야 한다. 아니면 기존 20대 브랜드를 30대 브랜드로 재포지셔닝하거나, 새로이 출시한 30대 브랜드로 기존 고객들을 이전시켜야 한다. 이 모두가 쉬운 일은 아니다. 가성비를 강점으로 하는 저가 브랜드도 고객의 소득 변화에 따라 같은 상황에 처한다. 소득이 올라가는 고객을 잡을 수도, 놓을 수도 없는 입장이 된다.

그러나 라이프스타일 비즈니스는 나이나 소득수준처럼 비교적 짧은 시기에 변할 수 있는 기준이 아니라, 꽤 오래 유지되는 삶의 가치관을 기준으로 한다. 고객의 라이프스타일이 사업자가 제안하는 라이프스타일과 일치하는 한, 한 번 고객은 평생 고객이 된다. 젊은 운동선수를 위해 고안된 EMS(전기 근육 자극) 운동법은 노인들에게도 매우 효과적이다. 근력 강화를 통해 건강을 지키려는 사람들에게는 나이에 상관없이 같은 라이프스타일 제안이 유효하다. 유기농을 먹고 자란 아이는 커서도 자신과 자기 아이들에게 유기농을 먹인다. 이런 면에서 라이프스타일 비즈니스는 고객과 장기적인 관계를 유지하기에 훨씬 유리하다.

라이프스타일 비즈니스는 고객이 스스로 찾아오는 방식으로 재방문이 이뤄지며, 강도가 세고 장기적이다. 라이프스타일 제안의 성공 여부를 판단하는 핵심 성과지표는 고객의 재방문율이다.

재방문율을 높이기 위해 기업이 일반적으로 실행하는 조치는 '푸시Push'의 방법이다. 예를 들어 휴대폰 문자 메시지나 이메일을 보내, 마일리지 포인트를 사용하게 하거나 할인쿠폰을 주어 매장 방문을 유도한다. 푸시 방식은 고객의 개인정보를 얻어내고, 할인혜택을 제공하고, 메시지를 전파하는데 많은 비용이 든다. 그럼에도 불구하고 푸시 마케팅이 구매로 연결되는 확률은 낮다. 재방문은 일회성에 그치고, 제안된 할인품목의 구매로만 그치는 경우가 많다. 품목이나 혜택에 따라 다르겠지만 푸시 메시지의 오픈율은 10%대 내외, 구매로 연결되는 것은 1~2% 정도로 조사된다.

반면에 '풀Pull'의 방법은 소비자가 스스로 찾아오게 만드는 방법으로, 푸시 방식에 비해 비용이 적게 들고, 높은 재방문율과 구매율을 보인다. 동네 가게에 있는 손님이 편하게 들러 놀다 갈 수 있는 공간이나 지인의 추천 등이 풀 방식이다.

라이프스타일 비즈니스는 매장과 라이프스타일 제안 자체로 고객의 재방문을 이끌어 낸다. 라이프스타일 샵 매장은 매장 자체도 라이프스타일을 반영하고 있다. 따라서 같은 라이프스타일을 가진 고객은 매장에 오는 것만

으로도 기분이 좋아진다. 필요한 것을 사기 위해 매장을 찾는 것이 아니라 기분 전환을 하거나 특별한 목적 없이 매장에 주기적으로 들른다. 또한 신제품 등 업데이트 되는 라이프스타일 제안은 고객의 호기심을 자극하고 새로운 상상을 하게 한다. 둘러보려고 들렀다가 우연히 맘에 드는 제품을 발견하고 구매했을 때, 고객은 '득템'이라는 표현을 쓴다. '득템'은 '이런 물건을 발견하다니 돈이 전혀 아깝지 않아'라는 감정을 내포하고 있다.

정성과 감동이 담긴 라이프스타일 제안은 그 라이프스타일을 추구하는 고객을 평생의 팬으로 만든다. 기업과 브랜드, 비즈니스 구성원, 고객 등 같은 생각을 가진 사람들이 서로의 팬이 되어 아끼고 도우며 살아가는 것, 이것이 라이프스타일 비즈니스의 가장 큰 매력이다.

15. 세계 어디에나 내가 찾는 라이프스타일은 있다

사람이 삶에서 중요하게 생각하는 가치는 국가나 문화에 따라 차이가 있지만, 어느 정도 보편성을 띠고 있다. 2003년 영국 콜롬비아 대학과 미국 오리건 대학이 공동으로 한국, 캐나다, 호주, 노르웨이 등 4개국 450여 명을 대상으로 LOV_{List of Values} 분석을 시행하였다. LOV는 9개 가치 항목에 대한 중요도를 설문을 통해 조사한다. 9개 가치 항목은 자아실현, 자존감, 성취감, 따뜻한 인간관계, 안전, 소속감, 존경, 재미와 즐거움, 모험과 흥분 등이다. 이를 통해 라이프스타일까지 파악하기에는 부족하지만, 가치 기준에 대한 국가별 차이를 살펴볼 수 있다.

조사 결과 한국은 따뜻한 인간관계, 자존감, 성취감, 자아실현 순으로 높은 비중을 보였다. 캐나다와 호주는 비슷한 결과를 보였는데, 캐나다는 성취감, 재미와 즐거움, 자존감, 자아실현 순이었고, 호주는 캐나다와 비교해 자존감이 재미와 즐거움보다 높았다. 노르웨이는 자존감, 성취감, 소속감, 자아실현 순이었다. 국가별 순서의 차이는 있지만 성취감, 자존감, 자아실현이라는 3가지 가치는 모든 국가에서 상위 가치로 나타났다. 반면 존경이나

순위	한국	캐나다	호주	노르웨이
1	따뜻한 인간관계	성취감	성취감	자존감
2	자존감	재미와 즐거움	자존감	성취감
3	성취감	자존감	재미와 즐거움	소속감
4	자아실현	자아실현	자아실현	자아실현
5	재미와 즐거움	안전	안전	따뜻한 인간관계
6	소속감	따뜻한 인간관계	따뜻한 인간관계	재미와 즐거움
7	안전	존경	존경	안전
8	존경	소속감	소속감	존경
9	모험과 흥분	모험과 흥분	모험과 흥분	모험과 흥분

4개국의 국가별 LOV분석 결과. 출처: Lavack, Anne M. and Fredric Kropp (2003)

모험과 흥분 가치는 모든 국가에서 낮은 비중을 나타냈다.

라이프스타일 비즈니스의 또 다른 이점은 글로벌 확장의 용이성이다. 라이프스타일은 국경과 인종, 문화를 따지지 않는다. 특정 라이프스타일을 가진 사람은 환경에 따라 비중은 다르겠지만 세계 어느 곳에나 있다.

럭셔리 라이프스타일은 중국 등 고성장 국가에서 가장 비중이 높은 라이프스타일이다. 하지만 세계 어디에나 부와 성공을 추구하는 사람들은 있다. 이것이 백화점이라는 럭셔리 라이프스타일 샵이 세계 모든 주요 도시에서 발견되는 이유다. 물론 백화점에서 파는 물건은 해당 도시의 사정에 따라 차이가 날 수는 있지만, 백화점을 찾는 사람들은 럭셔리한 삶을 즐기기 위해 그곳에 간다.

앞서 소개한 바 있는 라이프스타일 매거진 〈킨포크〉는 따뜻한 관계와 나눔의 가치를 전파하고 있으며, 매거진의 이름이 하나의 라이프스타일을 대표하는 말이 되었다. 2011년 미국 포틀랜드에서 시작된 〈킨포크〉는 현재 70개국에 번역되어 발간되고 있다. 호당 9만 부가 팔리며, 온라인 매거진 방문자는 600만 명을 넘어섰다. 건축가, 사진가, 디자이너, 예술가 등 창작가들이 매거진의 주 고객인데, 이는 해외에서도 마찬가지다. 〈킨포크〉는 2015년 본사를 미국에서 휘게의 나라, 덴마크로 옮겼다. 킨포크의 가치를 더 잘 표현할 수 있는 나라가 덴마크라는 생각에서였다. 〈킨포크〉의 사례는 라이프스타일이 범세계적이라는 것을 잘 보여준다.

라이프스타일 제안이 글로벌 확장에 용이한 또 하나의 이유는 국가가 달라졌다고 제안 내용과 구성을 변경할 필요가 없다는 점이다. 보통 내수용으로 만들어진 제품을 다른 나라에 적용하려면 로컬화를 거친다. 그 나라의 문화나 사용습관에 맞게 물건을 다시 디자인하고 소재를 변경한다. 예를 들어 황금색을 좋아하는 중동 사람들의 취향에 맞춰 가전제품을 금색으로 내놓는 식이다. 하지만 라이프스타일 제안에서는 제품의 디자인이나 소재도 중요한 라이프스타일 요소이다. 백색의 미니멀 제품에 금칠을 더하진 않는다. 중동에도 무채색을 선호하는 미니멀리스트가 있고, 미니멀 라이프스타일 비즈니스는 이들을 목표 고객으로 하기 때문에 기존 제안을 수정할 필요가 없다.

3장 라이프스타일 비즈니스가 온다

일본에서 시작되어 일본의 문화적 특징인 미니멀리즘을 반영하고 있는 무인양품은 세계 29개국에 진출해 있다(2016년 기준). 해외 매장 매출이 일본 본토보다 빠르게 성장하고 있는데, 이것은 미니멀리즘을 지향하는 라이프스타일이 다른 국가에도 존재한다는 증거다. 무인양품은 디자인이나 소재의 변경 없이 일본에서 개발한 제품 그대로를 해외에 소개하고 있다. 인스타그램에서 '#MUJI'(무인양품의 영문 이름)를 검색해보면 무인양품의 미니멀 라이프스타일 제안에 빠진 서양인들을 확인할 수 있다.

소셜 네트워크는 라이프스타일의 전파를 더욱 빠르게 만들고 있다. 우리는 소셜 네트워크 덕분에 먼 나라 사람의 삶의 모습까지 구석구석 살펴볼 수 있게 되었다. 한국 아이돌의 일상은 아시아뿐만 아니라 서구 팬들의 주

요 관심사다. 2016년 1월부터 2017년 6월까지 한국 아이돌 그룹인 방탄소년단의 유튜브 동영상 조회수는 총 46억 회였다. 이 중 상위 50개국의 조회수는 44억 회로 전체의 95%에 해당한다. 상위 50개국 중 한국을 포함한 동아시아 조회수는 23억 회(52%)며, 그 외 국가의 조회수는 21억 회(48%)로 거의 절반을 차지한다. 동아시아 외에서는 미국, 브라질, 멕시코, 영국, 프랑스, 칠레 등에서 조회수가 높았다. 미래에는 자동번역 기술의 발달로 언어장벽 없이 더 쉽게 외국의 라이프스타일을 접할 수 있게 될 것이다.

인스타그램은 해시태그(#) 유행을 일으킨 소셜 네트워크 서비스다. 해시태그를 터치하는 것만으로 동일한 주제의 콘텐츠를 쉽게 검색할 수 있다. 인기 해시태그 중에는 '웰빙스타그램', '키즈스타그램', '헬스타그램' 등 라이프스타일을 표현하는 해시태그들이 있어서, 전 세계에 나와 같은 라이프스타일을 가진 사람들을 쉽게 만날 수 있다. '휘게', '킨포크', '미니멀'과 같은 직접적인 라이프스타일 해시태그들도 찾아볼 수 있다. 소셜 네트워크에서 특정 해시태그 중심으로 활동하는 이들은 일종의 라이프스타일 디자이너로서, 추천 제품이나 유용한 경험 등을 라이프스타일 노하우로 제공하고 있다. 유튜브, 인스타그램과 같은 사진과 영상 콘텐츠는 외국어를 몰라도 그들의 삶의 방식을 쉽게 이해할 수 있게 한다.

4장

브랜드 혁신,
라이프스타일 브랜드

· Lifestyle ·

우리는 브랜드 홍수 속에 살고 있다. 이 경쟁에서 대부분의 브랜드는 본래의 고유성을 잃고, 제품은 다른 제품과 별 차이가 없는 일상재가 된다. 소비자는 더 이상 브랜드를 기억하지 못하고, 선망의 대상으로 삼지도 않는다. 이런 브랜드의 몰락은 브랜드 철학의 부재, 대표성의 상실에 기인한다.

미래 기업의 가장 희소한 자원은 자본도, 직원도 아닌 고객이다. 이제 기업의 경영철학과 브랜드 철학은 주주나 직원이 아닌 고객에게 초점을 맞추어야 한다. 이것은 모든 비즈니스에 요구되는 근본적인 혁신이다.

브랜드 철학이 고객의 가치관과 하나가 된 것이 라이프스타일 브랜드다. 라이프스타일 브랜드는 하나의 라이프스타일을 대표한다. 따라서 이런 브랜드는 고객과 같은 가치를 지켜나가며, 고객의 삶의 목적을 이해하고 지원한다. 고객과 평생 함께하며, 그들의 삶의 일부가 된다. 브랜드가 라이프스타일 브랜드가 될 때 브랜드 가치는 극대화되고, 고유성은 살아난다. 이런 브랜드는 저가 경쟁의 늪에서 빠져 나와 고유의 가치를 누린다.

인공지능과 같은 IT 기술 발전에도 불구하고 라이프스타일 제안의 정교함과 창의성 면에서 아직 기계보다 사람이 낫다. 이것이 IT 투자 여력을 가진 대기업에 비해 개인사업자들이 라이프스타일 비즈니스에 있어 우위를 가질 수 있는 부분이다. 개인의 개성을 실린 라이프스타일 비즈니스 창업은 골목 상권과 퍼스널 브랜드의 부흥을 가져올 것이다.

· Business ·

| 16 | | 몰락하는 브랜드 |

브랜드는 '무언가'를 대표하는 하나의 이름이다. 브랜드의 가치와 차별성은 이름 자체가 아닌 이 '무언가'로부터 나온다. 즉, 브랜드 아이덴티티Identity와 브랜드 오리지널리티Originality는 브랜드의 대표성에 달렸다. 무엇을 대표하지 못하는 이름은 호칭일 뿐, 브랜드가 아니다. '세계의 공장'으로 대표되는 중국은 한 국가의 이름이지만, 하나의 브랜드가 되었다. 베트남 같은 다른 나라가 이 대표성을 가져가지 못하는 한, 중국은 이 고유한 가치를 계속 가져가게 될 것이다.

수많은 생수 중에 무언가를 대표하는 이름을 떠올릴 수 있는가? 내가 알기로 에비앙은 비싼 고급 생수를 대표한다. 그래서인지 에비앙은 럭셔리 라이프를 상징하는 브랜드 중 하나이다. 퍼스널 브랜드란 내 이름이 '무언가'를 대표하게 되었을 때 자연스럽게 생기는 것이다.

'삼성'이라는 이름은 무엇을 대표할까? 삼성전자는 홈페이지에서 자신의 사명을 '인간의 삶을 풍요롭게 하고 사회적 책임을 다하는 지속 가능한 미래에 공헌하는 혁신적 기술, 제품, 그리고 디자인을 통해 미래 사회에 대한 영감을 고취'하는 것으로 정의했다. LG그룹의 기업 사명은 '고객을 위한 가치 창조와 인간 존중의 경영을 바탕으로 한 정도 경영을 통해 궁극적으로 달성하고자 하는 일등 LG는 시장에서 인정받고 시장을 리드하는 선도기업이 되는 것'이다. 연속된 수식어 때문에 문장을 이해하는 것조차 힘든 이들의 사명에서 우리는 그들의 이름이 무엇을 대표하는지 쉽게 이해할 수 없다. 그리고 두 사명에서 뚜렷한 차이도 발견할 수 없다. 기업 사명선언문과 같이 명시적인 것이 아니더라도 '삼성'이나 'LG'라는 이름이 무엇을 대표하고 있다고 생각하는가?

과거 대기업 브랜드는 신뢰의 상징이었다. 엄청난 광고 덕에 이들 이름을 모르는 한국 사람은 없었고, "삼성이 만들면 달라", "가전은 LG지"라는 말들이 구전으로 돌았다. 하지만 품질을 바탕으로 했던 신뢰는 경쟁자들의 추격으로 더 이상 차별이 되지 못하고, 기업이 감춰왔던 어두운 면들이 미디어와 인터넷을 통해 전파되면서 브랜드 신뢰도에도 큰 타격을 주었다. 소비자는 더 이상이 기업이 내보내는 광고 메시지를 그대로 믿지 않게 되었고, 기업의 사회공헌 활동조차 일종의 광고처럼 받아들이게 되었다. 기업 브랜드는 '신뢰'라는 대표성을 상실했고, 대표성을 상실한 브랜드는 소비자의 필요만 채울 뿐, 감정적 욕구는 만족시키지 못한다.

브랜드에 대한 소비자의 태도가 변하고 있다. 미국 Y&R그룹은 1993년부터 2007년까지 세계 소비자를 대상으로 브랜드에 대한 광범위한 조사를 시행했다. 이 조사 결과에 따르면, 2004년을 기점으로 소비자의 브랜드에 대한 태도가 바뀌면서 브랜드 인지도, 신뢰도, 선호도 모두가 지속적으로 하

락하고 있다고 밝혔다. 소비자의 브랜드 인지도는 13년간 20%가 하락했고, 소비자가 느끼는 신뢰할만한 브랜드의 비율은 52%에서 9년 동안 25%까지 떨어졌다. 2000년에는 선호하는 브랜드 개수가 인지하는 브랜드의 개수보다 25%나 많았다. 이 말은 지금 내가 쓰는 브랜드가 아니더라도 갖고 싶은 브랜드가 많았다는 이야기다. 하지만 2007년에는 상황이 역전하여 선호 브랜드 개수가 인지 브랜드 개수보다 적어졌다. 갈망하는 브랜드가 사라졌다는 말이다. 다른 조사에서는 경쟁사 물건이 싸고 좋아도 원래 쓰던 브랜드를 고수하겠다는 소비자가 겨우 4%였다. 96%의 소비자는 가격과 품질에 따라 다른 브랜드로 움직인다. 제품을 선택할 때 브랜드를 보고 선택하는 경우는 8%며, 나머지는 가격이 더 중요한 결정 요소라는 조사 결과도 나왔다.

소비자의 브랜드에 대한 생각이 이렇게 변하고 있음에도 불구하고 브랜드 가치는 매년 상승하는 것으로 발표된다. 마케터들이 이런 브랜드 지표 결과에 만족하는 동안, 소비자가 브랜드로부터 느끼는 감정은 점점 희미해지고 있다. 소비자의 브랜드에 대한 태도를 시장점유율을 통해 추측해 볼 수 있는데, 그중 치열한 중국 휴대폰 시장점유율 변화를 살펴보자.

중국 시노SINO 자료에 따르면, 2011년부터 2014년까지 삼성전자는 중국 휴대폰 시장의 1등 브랜드였다. 하지만 점점 중국 업체들과의 격차가 좁혀지더니 19.7%까지 갔던 점유율은 2015년에 7.6%까지 떨어져 샤오미, 화웨이, 애플, 비보, 오포에 이어 6위 브랜드가 되었다. 불과 1년 만에 벌어진 변화였다. 이 추세는 2016년에도 이어져 상반기 점유율은 더 떨어진 5.4%, 6

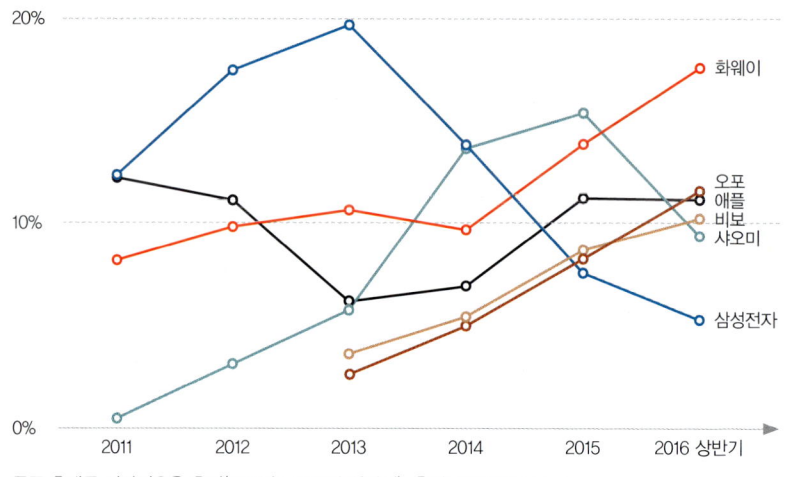

중국 휴대폰 시장점유율 추이(2011년~2016년 상반기). 출처: SINO Research

위에 머물렀다. 2015년 1위였던 샤오미도 2016년 상반기 5위로 밀렸다. 이런 시장점유율의 급격한 변화는 기술 격차가 사라지고, 가격 경쟁에 돌입했다는 증거이다. 삼성전자는 가격 경쟁에서 중국 업체들에 밀린 것이다. 반면에 애플 아이폰의 시장점유율은 2013, 2014년 하락했다가 다시 상승하여 10%대 점유율을 유지하고 있다. 2016년 상반기에는 11.1%로 3위를 차지했다. 아이폰의 가격은 중국 노동자의 한 달 월급을 상회한다. 이런 높은 가격에도 불구하고 아이폰은 어떻게 중국산 휴대폰의 저가 경쟁에서 위상을 지킬 수 있는 것일까?

중국은 부에 대한 과시, 남들 시선에 신경을 쓰는 백만장자 라이프스타일이 강하다. 이런 라이프스타일을 대표하는 브랜드가 바로 아이폰이다. 아이폰에는 부자로 살고 싶은 희망, 성공한 사람의 이미지, 내가 너보다 낫다는 메시지가 담겨 있다. 애플 제품에는 애플의 자체 운영 소프트웨어가 사용된다. 반면에 다른 모든 휴대폰 제조사는 구글의 안드로이드 소프트웨어를 사용한다. 아이폰은 스티브 잡스라는 스타 경영자가 하드웨어부터 소프트웨어까지 모든 것을 세심하게 챙기며 그 안에 새로움을 불어넣었다.

잡스가 죽은 지금도 애플은 그들의 DNA에는 잡스가 있다고 말한다. 삼성전자의 휴대폰을 누가 만들었는지 아는 사람이 있을까? 이런 차이들이 아이폰이라는 브랜드의 고유한 대표성을 만들고, 남보다 앞서가는 삶을 상징하게 되었다. 아이폰은 그런 라이프스타일을 추구하는 사람들의 상징이 되고, 그들은 아이폰의 팬이 된다. 새 버전을 먼저 사기 위해 매장 앞에서 며칠씩 줄을 서고, 아이패드를 사고, 애플워치를 산다. 그리고 지인들에게 왜 아이폰이 좋은지 칭찬을 늘어놓는다. 안타깝게도 경쟁 휴대폰들은 이런 이미지를 갖지 못했다. 대표성을 잃은 휴대폰은 전화를 걸고 인터넷에 접속하는 고객의 필요만 채울 뿐이다.

브랜드가 대표성을 상실하거나 브랜드가 대표하는 것이 다른 브랜드와 겹치고 뒤처질 때 그 브랜드는 가치를 잃는다. 이런 브랜드는 그저 이름일 뿐, 더 이상 브랜드가 아니다. 이름만 남은 브랜드는 고객을 리드하지 못하고 고객과 경쟁제품에 끌려 다니다가, 결국 가격 경쟁의 수렁에 빠져든다. 대표성의 상실은 특히 많은 제품과 서비스를 아우르고 있는 기업 브랜드, 패밀리 브랜드에서 더 많이 관찰된다.

반면에 이름이 대표하는 '무언가'가 명확하고 희소한 브랜드는 생존한다. 이런 브랜드는 고객의 필요 충족을 넘어 삶을 대변하는 상징이 된다. 열광적인 팬의 존재는 브랜드가 대표성을 가지고 있다는 강력한 증거이다.

17 하나의 브랜드, 하나의 라이프스타일

대표성을 가진 브랜드가 더 가치가 있다면, 과연 브랜드는 무엇을 대표해야 할까?

브랜드는 고객에게 의미 있는 것을 대표해야 한다. 사람에게 가장 의미 있는 것은 그가 삶에서 가장 중요하게 생각하는 것이다. 사람마다 삶에서 가장 중요하게 생각하는 것에는 차이가 있다. 어떤 이에게는 직장에서의 성공이고, 어떤 이에게는 행복한 가정이다. 또 누군가는 건강하게 오래 사는 것이라고 말할지도 모른다. 우리는 이것을 핵심가치라고 부른다. 우리는 핵심가치를 지키기 위해 다른 것을 희생하기도 한다. 성공을 위해 가정과 건강을 희생하기도 하고, 반대로 행복한 가정을 위해 성공을 희생하기도 한다. 이렇게 핵심가치는 한 개인의 삶의 방향과 가치관을 반영하고 있다. 브랜드가 고객의 삶에 가장 의미 있는 것, 즉 핵심가치를 대표할 때 브랜드 가치는 극대화된다.

그리고 브랜드가 고객과 오래 함께할수록 서로 주고받는 가치의 양은 증가한다. 20대 브랜드, 30대 브랜드는 길어야 10년을 고객과 함께한다. 저가

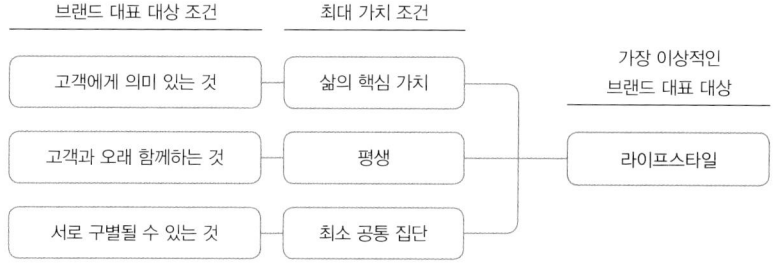

브랜드 제품은 고객의 소득이 낮은 동안에만 선택된다. '취업'이라는 키워드는 단기적이지만, '성공'은 오래 함께할 수 있는 키워드다. 고객이 브랜드에게 평생 동안 주는 가치를 고객 생애 가치라 하고, 브랜드가 고객에게 평생 동안 주는 가치를 브랜드 생애 가치라고 하는데, 이 두 가치 모두 브랜드와 고객이 평생을 함께할 때 극대화된다. 브랜드가 고객과 평생을 함께할 수 있다면 고객이 팬이 될 가능성도 높아진다.

브랜드가 대표하는 대상은 다른 브랜드들과 구별되어야 한다. 구별될 수 없는 것은 고유성과 차별성을 잃는다. 기업의 사명선언문에 흔히 등장하는 '인류의 행복'이나 '인간의 삶의 질 향상'과 같이 모든 것을 포괄하려고 하면 구별은 희미해진다. 그렇다고 너무 세분화되면 구별은 확실해지지만 브랜드의 대표 대상이 너무 적어진다. 한 사람을 위한 브랜드를 만든다면 모르겠지만 말이다. 따라서 브랜드는 다른 브랜드와 구별되지만 필요한 팬을 확보할 수 있는 최소 수준을 대표해야 한다. 브랜드의 대표 대상이 희소할수록 브랜드의 가치는 증가한다.

이를 종합해 보면, 브랜드 가치는 한 집단이 살면서 지켜가는 공통의 핵심가치를 대표할 때 가장 커진다. 한 집단의 핵심가치가 공통된 삶의 양식으로 표현되는 것이 라이프스타일이다. 즉, 브랜드가 대표하는 가장 이상적인 대상은 하나의 라이프스타일이다. 하나의 라이프스타일을 대표하는 브랜드를 라이프스타일 브랜드라고 하며, 이런 브랜드는 고객에게 가장 의미 있고, 고객과 평생 함께하며, 다른 브랜드와 차별된다. 코코 샤넬은 "패션은 시들지만 스타일은 영원하다. 내가 곧 스타일이다"라는 말을 남겼다. 코코 샤넬의 라이프스타일은 샤넬이라는 브랜드로 지금까지 사랑 받고 있다.

킨포크는 스스로가 하나의 라이프스타일을 정의하고, 그 라이프스타일을 대표하는 브랜드가 된 경우다. 킨포크 라이프스타일은 다른 단어로 표현할 수 없는 고유명사가 되었다. 킨포크 라이프스타일의 핵심가치는 나눔과 여유로, 이것을 삶의 핵심가치로 삼는 사람들이 킨포크의 팬이 되고 있다. 킨포크는 나누며 사는 여유로운 삶의 방식을 매거진을 통해 제안하는 것으로 시작했다. 하지만 여기에 머물지 않고, 킨포크라는 브랜드에 다양한 제안을 추가하고 있다.

킨포크는 요리와 인테리어 이야기를 담은 《킨포크 테이블》과 《킨포크 홈》이라는 단행본을 출간했는데, 이 책들은 뉴욕타임즈가 선정한 베스트셀러에 들기도 했다. 최근에는 《킨포크 사업가》The Kinfolk Entrepreneur 라는 신간을 브랜드에 추가했다. 이 책은 킨포크 라이프스타일을 사는 개인 창작자들의 이야기로, 킨포크 라이프를 꿈꾸는 1인 사업가라면 꼭 사보고 싶은 책이 될

킨포크 단행본, 《킨포크 홈》과 《킨포크 테이블》

것이다. 온라인 샵을 통해 팔고 있는 킨포크 카드 컬렉션도 인기다. 킨포크 온라인 샵은 아직 시작 단계지만, 늘어나는 킨포크 팬들과 함께 성장할 수 있는 잠재력을 가지고 있다.

킨포크의 사례처럼 라이프스타일 브랜드는 고객과 공통의 가치를 지향하고, 다양한 제안들을 지속적으로 제공함으로써 고객과 평생 함께한다. 그리고 다른 브랜드가 대신할 수 없는 고유성을 지닌다.

스타벅스는 럭셔리 라이프스타일을 대표하는 카페다. 넉넉한 대형 공간에 고급스런 인테리어, 친절한 서비스, 그리고 비싼 커피 가격은 말한다. "당신은 커피를 마시는 것이 아니라, 고급스런 삶을 잠시나마 즐기는 것입니다"라고. 스타벅스 샌드위치와 커피로 점심을 대신하는 직장인들이 많은데, 이 가격은 일반 식당에서 든든하게 먹는 점심 값보다 비싸다. 비슷한 샌드위치와 커피를 편의점에서 사면 절반 가격으로 살 수도 있지만, 그들은 잠깐이라도 스타벅스가 주는 럭셔리함을 즐긴다.

스타벅스는 전 세계 어느 매장이나 같은 품질을 유지하고 있다. 그래서 스타벅스에 들어가면서 '바리스타가 친절할까?', '오래 앉아 있어도 될까?', '와이파이는 될까?', '화장실은 깨끗할까?' 같은 걱정은 할 필요가 없다. 스타벅스 고객 서비스 지침 중에는 'Just Say Yes Policy'라는 것이 있다. 고객이 회사 규정을 넘어서는 것을 요구하더라도 가능한 최상의 서비스를 제공하라는 것이다. 그래서 소셜 네트워크에는 스타벅스의 이례적인 친절 서비스에 대한 이야기들이 많이 떠돈다. 이런 서비스는 고객이 황제 대우를 받고 있다고 느끼게 한다.

한국 스타벅스의 샌드위치나 과일주스 같은 비‡커피 제품은 신세계가 공급하는데, 이런 제품도 스타벅스라는 브랜드에 실리면 럭셔리 상품이 된다. 스타벅스의 한정판 텀블러나 커피 17잔을 마셔야 얻을 수 있는 다이어리도 소셜 네트워크의 인기 콘텐츠다. 스타벅스의 럭셔리 정책은 리저브 매장, 커피 포워드 매장 등 고급 서비스를 통해 확장되고 있다. 리저브 매장에서는 생산량이 적어 일부 매장에만 공급하는 고급 원두 커피를 마실 수 있

고, 커피 포워드 매장에서는 여러 명의 바리스타가 고객의 취향에 따라 맞춤 커피를 바로 눈앞에서 제조해 준다. 당연히 커피 가격은 더 비싸다.

메르세데스 벤츠가 럭셔리 라이프스타일을 대표하는 브랜드라는 것은 누구나 알고 있다. BMW나 볼보 같은 기업들도 기업 브랜드 자체로 하나의 라이프스타일을 대표한다. 반면에 한국 자동차 기업들의 이름은 무엇을 대표하는지는 모호하다. 기업에 속한 하위 브랜드로 내려와도 사정은 마찬가지다. 한국 차 대부분은 소비자의 소득 수준과 차량의 배기량에 따라 브랜드를 포지셔닝한다. 현대차의 예를 들면 배기량에 따라 아반떼, 소나타, 그랜저, 제네시스 순으로 브랜드를 배치하고, 배기량이 클수록 가격은 비싸진다. 각 브랜드가 어떤 라이프스타일을 대표하는지, 어떤 라이프스타일을 가진 사람들이 브랜드의 팬이 되는지 쉽게 알 수 없는 구조다.

아반떼 홈페이지에는 '보통 사람들이 보통의 상황에서 새롭고 놀랍고 위대한 것을 더 많이 경험할 수 있도록'이라는 메인 카피가 있다. 이 말은 보통의 사람들, 즉 소득수준이 보통인 사람들을 위한 성능 좋은 차라는 의미일 뿐이다. 여기에는 브랜드가 고객과 공유하는 가치도, 제안하는 삶의 방식도 없다. 본래의 기능에만 충실하되, 고객의 필요만 충족하는 브랜드는 더 싸고 품질 좋은 경쟁 제품이 등장하면 생존이 어려워진다.

하나의 라이프스타일을 대표하는 자동차 브랜드는 어떤 모습일까? 미니멀 라이프스타일 자동차 브랜드를 만든다고 상상해 보자. 가칭 '미니'는 깔끔하지만 세련된 디자인의 흰색 전기차다. 최대 속력을 고속도로 최대 제한속력인 시속 120km로 낮추고, 2인 탑승을 기본으로 하여 가격을 대폭 낮췄다. 대신

운전석 앞뒤에 트렁크 공간을 둬서 안정성과 공간활용을 높였다. 불필요한 옵션들은 제거하고, 운전석 계기판도 최대한 단순화했다. '미니'는 미니멀 라이프 고객을 위한 정비, 세차, 보험, 대여 서비스까지 함께 제공한다.

그린 라이프스타일을 대표하는 친환경 자동차 브랜드, '그린'은 내장재로 바이오 플라스틱을 활용한 전기차다. 차체 중량을 낮춰 에너지 효율을 최대로 올리고, 차량에 사용된 모든 부품을 재활용할 수 있도록 설계했다. 재활용 부품을 사용한 차량은 할인된 가격으로 구매할 수 있다. 금속 주형에 대한 신기술을 적용하여 탄소 배출량과 물 사용량도 기존 방식의 절반으로 줄였다. 무료 폐차 서비스를 제공하여 폐차 비용도 들지 않는다. 차 가격의 일부는 환경을 보존하는 일에 쓰인다. 환경을 생각하는 고객이라면 '그린'보다 나은 선택은 없다.

친환경 전기차 BMW i3. 출처: flickr.com/photos/janitors

하나의 브랜드가 하나의 라이프스타일을 대표할 때 고객에게 가장 사랑받는 브랜드가 된다. 라이프스타일 브랜드는 고객과 핵심가치를 공유하며, 그 고객이 행복하게 살 수 있는 다양한 방법들을 지속적으로 제안한다. 같은 라이프스타일을 추구하는 고객이라면 이런 브랜드를 외면할 수 없다. 그렇게 라이프스타일 브랜드는 고객의 삶을 표현하는 하나의 상징이 된다.

18 라이프스타일 브랜드로의 혁신

대표성을 잃고 침몰하는 브랜드를 살리는 가장 좋은 방법은 라이프스타일 브랜드로 전환하는 것이다. 많은 브랜드들은 담당 조직이나 제품분류의 편의에 따라 설정되어 있다. 기업 브랜드, 패밀리 브랜드, 제품 브랜드 등 브랜드 계층 전체가 하나의 라이프스타일을 대표하도록 바꾸는 것이 브랜드 가치를 극대화시키는 최선의 방법이다. 킨포크라는 기업 브랜드는 킨포크 라이프스타일 전체를 대표한다. '킨포크 홈'이라는 제품 브랜드는 더 작은 범위인 킨포크 인테리어 라이프스타일을 제안한다. 만약 킨포크에서 인테리어 소품 사업을 시작한다면 '킨포크 홈' 브랜드를 패밀리 브랜드로 격상시켜 사용해도 좋을 것이다.

그렇다면 어떻게 브랜드 계층 전체를 라이프스타일 브랜드로 전환할 것인가? 이것은 단순히 기업 브랜드가 어떤 라이프스타일을 대표하겠다고 선언하고 제품을 만들어 제공한다고 되는 일이 아니다. 이것은 기업과 브랜드의 핵심가치와 철학을 다시 고민하고 세우는 일이다.

만들면 팔리던 시대에 브랜드 가치의 근원은 자본이었다. 공장을 짓고 노동자를 고용하기 위한 자본이 가장 희소한 자원이었다. 그래서 기업의 주인은 주주였다. 자본주의 사회에서는 자본이 가장 중요하다는 생각이 뿌리 깊다. 이 신념은 매우 강해서 아직도 만들면 팔릴 것이라는 낙관적인 기대를 가지고 자본을 투입하는 사업가들이 있다.

그러나 금융이 발달하고 자본이 국제적으로 유통되면서 자본의 희소가치는 떨어졌다. 누구나 돈을 빌려 사업을 시작할 수 있는 시대가 되자, 브랜드의 생존이 기술과 창의적 아이디어에 좌우되었다. 이것은 우수한 인재를 필요로 했고, 인재는 가장 희소한 자원이 되었다. 그러자 인재 전쟁이나 수평적 조직문화 같은 말들이 회자되었고, 기업의 주인은 직원이라고도 했다. 하지만 기업들의 기술과 품질이 어느 정도 수준에 도달하자 전보다 더 많은 비용을 들이고도 조금 더 빠른 성능을 얻었을 뿐, 기술 혁신을 통해 고객이 인지하는 가치를 올리는 것은 더욱 어려워졌다.

이제 브랜드에 있어 가장 희소한 자원은 '고객'이 되고 있다. 고객을 누가 먼저 선점하고 강력하게 붙잡아 놓느냐에 브랜드 생존이 달렸다. 따라서 미래 기업의 주인은 주주도, 직원도 아닌 고객이 될 것이다. 기업은 대주주의 기업이 아닌 고객의 기업으로 탈바꿈할 때다. 고객의 기업이 된다는 말은 기업 철학을 고객의 가치에 기반을 두어 재설계하고 회사의 이름에 그것을 담아야 한다. 이것은 모든 기업과 사업에 필요한 근본적인 혁신이다.

기업의 핵심가치를 고객이 추구하는 가치와 맞추면 자연히 기업 브랜드는 라이프스타일 브랜드가 된다. 하나의 라이프스타일을 대표하는 기업의 사명과 핵심가치는 명확하다. 라이프스타일의 기본 가치가 기업의 핵심가치가 되고, 이 가치를 지켜가는 것이 기업의 사명이 된다. 많은 수식어가 없는 한 문장으로도 고객과 조직 구성원 모두가 기업과 브랜드의 철학을 명확히 이해할 수 있고, 조직 구성원들은 자연스럽게 핵심가치와 사명에 따라 매사의 태도와 행동을 결정하게 된다.

한국에는 꽤 많은 홈쇼핑 브랜드가 있다. 그중 매출 상위 홈쇼핑사들의 기업 사명을 살펴보자. '편리한 쇼핑 환경을 제공하여 삶의 가치를 창조', '고객이 편리하게 합리적 소비를 할 수 있도록 최상의 쇼핑 서비스 제공', '고객에게 창조적인 경험을 제공하여 신뢰와 감동을 제공', '고객의 건강과 행복, 나아가 국가와 사회 발전에 공헌' 등이다. 여기에 어떤 차이점이나 그들이 추구하는 핵심가치가 보이는가? 공들여 만든 기업 사명이겠지만 여기에 고객이 지향하는 삶의 가치는 빠져있다.

CJ홈쇼핑만이 '트렌디한 라이프스타일과 홈쇼핑 한류를 선도한다'는 사명선언문 안에 '라이프스타일'과 '한류'라는 키워드를 포함하고 있다. 한류는 한국의 문화, 한국의 라이프스타일이라는 의미이다.

CJ그룹은 스스로를 문화기업으로 선언하고 식품, 유통, 미디어 중심으로 한류 사업을 전개하고 있다. CJ 계열사인 CJ제일제당은 한국의 '밥'을 최초로 간편식품인 '햇반'으로 상품화했다. 덕분에 세계 어디서나 누구든지 쉽게 한국의 밥을 먹을 수 있게 되었다. 햇반은 한국인뿐만 아니라 건강한 한식 라이프스타일을 추구하는 외국인의 삶까지 풍요롭게 만들어 주었다. 패밀리 브랜드인 비비고bibigo의 간편 요리인 '한국 스타일 불고기 비빔밥'처럼 CJ

런던 비비고 매장과 CJ제일제당의 햇반. 출처: (왼쪽) flickr.com/photos/55935853@N00

푸드빌도 한국 전통음식을 세계의 식탁 위에 올리고 있다. CJ E&M과 CGV는 한국 아이돌 가수, 영화, TV 프로그램의 제작과 배급을 통해 한국의 라이프스타일을 전파하는 데 일조하고 있다. 면세점이나 명동에서 싹쓸이 쇼핑을 하던 중국 관광객들이 한국인처럼 뷰티 제품을 쇼핑하기 위해 찾는 곳이 바로 CJ 헬스뷰티샵인 올리브영이다.

CJ는 계열사들의 사업을 통해 한국인의 라이프스타일을 세계로 전파하고 있다. 한국의 뷰티, 음식, 음악, 영화 등 한국 라이프스타일을 동경하는 사람이 많아질수록 CJ도 함께 성장할 수 있다. CJ는 브랜드가 하나의 라이프스타일을 계층적으로 대표하는 좋은 사례다. 이것은 2016년 잡코리아가 취업 준비생 2천여 명을 대상으로 시행한 상/하반기 두 번의 조사에서 삼성, LG, SK 등을 제치고 가장 가고 싶은 기업으로 CJ그룹이 연속 선택된 것과 무관하지 않다.

가전 브랜드를 살펴보면, 보통 냉장고 브랜드, 세탁기 브랜드, 에어컨 브랜드가 따로 분리되어 있다. 이런 브랜드는 고객에게 어떤 의미도 주지 못한다. 단지 제조사와 제품 종류를 구분하기 위한 이름일 뿐이다. 신혼부부용 허니문 브랜드나 노인용 실버 브랜드는 고객과 함께하는 수명이 짧다. 가전 브랜드들도 라이프스타일 브랜드로 전환하는 것이 브랜드 가치를 극대화하는 길이다. 기존 가전 브랜드를 라이프스타일 브랜드로 전환하려면, 하나의 라이프스타일을 대표하는 브랜드를 만들고, 이 라이프스타일에 적합한 가전들을 카테고리에 상관없이 포함시키면 된다.

미니멀 라이프스타일 가전 브랜드 '미니'를 새로이 출시한다고 하자. '미니'는 '단순'과 '실용'이라는 가치를 고객과 공유한다. '미니'는 냉장고, TV, 노트북, 헤어드라이어, 에어컨 등 필수적인 가전만을 포함하고 있다. 디자인은 투명한 흰색의 사각형 모양으로 통일되어 있으며, 외관은 회사 로고나 제품 로고도 없이 깔끔한 것이 특징이다. 계기 디스플레이나 조절 장치 등은 모두 제거하고 꼭 필요한 기능만을 가졌다. 키 낮은 소형 냉장고에는 어떤 버튼도 없다. 자동 온도 조절 기술을 적용해 온도 조절 다이얼도 뺐다. TV도 베젤 면적을 최소화하고 모든 버튼을 없앴다. 중량을 줄여 기존 복잡한 벽걸이 설치를 없애고 못 하나로 벽에 설치할 수 있도록 했다. 사용법이 간단하여 혼자 사는 미니멀리즘 노인들도 관심을 가진다.

이 브랜드에는 다양한 제안이 더 추가될 수 있다. 조명이나 인공지능 스피커 같은 전기전자제품을 직접 개발하거나 외주 납품을 통해 추가할 수 있다. 가전과 통일된 가구로도 확장 가능하다. '미니' TV를 넣었다 뺐다 할 수 있는 침대라든가, '미니' 냉장고와 키를 맞춰 함께 놓고 쓸 수 있는 테이블

같은 아이디어도 가능하다.

브랜드 안에서 제품과 서비스는 무한히 확장 가능하고, 고객의 가치관이 변하지 않는 한, 고객과 브랜드의 관계는 지속된다. 라이프스타일 브랜드의 고객은 브랜드 안의 모든 제품과 서비스에 관심을 가질 수밖에 없다. 그러므로 기업은 기존 고객과 브랜드를 바탕으로 리스크 없이 사업을 확장해 나갈 수 있다.

여행사 브랜드도 예외는 아니다. 여행사 간 차별성이 없어진 지 오래고, 여행업은 저가 가격경쟁에 빠져 있다. 이 역시 라이프스타일 브랜드로 전환하는 것으로 해결할 수 있다. 같은 여행지라도 원하는 경험은 고객의 라이프스타일에 따라 매우 다르다. 럭셔리 라이프스타일은 폼 나는 해외 여행을 선호하지만, 휘게 라이프스타일은 국내, 해외 구분 없이 여행이 주는 경험과 장소가 주는 편안함을 더 중요하게 생각할 수 있다.

휘게 라이프스타일 전문 여행사가 있다면, 휘게 라이프스타일을 가진 사람들은 온라인 사이트에 들어와 정기적으로 여행상품을 살펴볼 것이다. 휘게 고객에게는 여행상품을 둘러보는 것만으로도 행복한 시간이 된다. 휘게 여행사는 고객이 어떤 여행을 원하는지 알기 때문에 여행 프로그램을 거기에 맞춰 짠다. 너무 붐비지 않는 교통수단과 숙박장소를 찾고, 사람이 많은 유명 관광지보다 자연과 여유를 즐길 수 있는 장소를 선택한다. 현지 음식을 함께 나눌 수 있는 친구 같은 가이드를 고용한다. 고객은 수많은 여행상품과 여행정보 속에서 헤맬 필요 없이 이 여행사의 상품을 믿고 찾는다. 찾

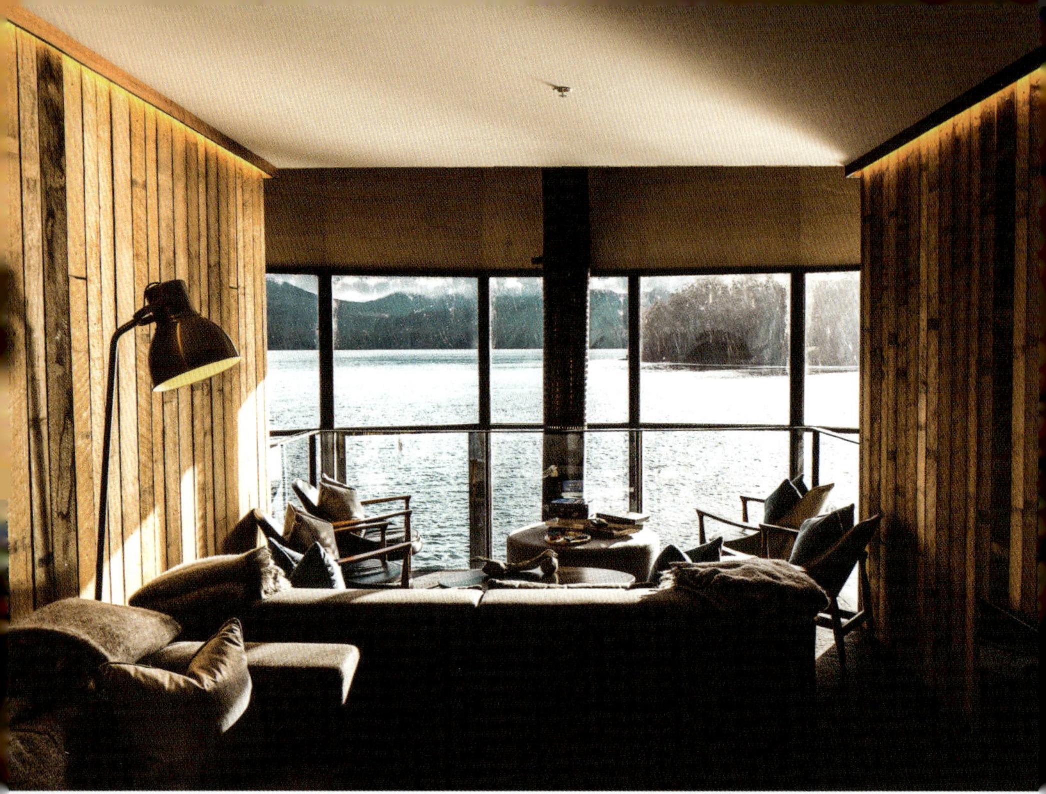

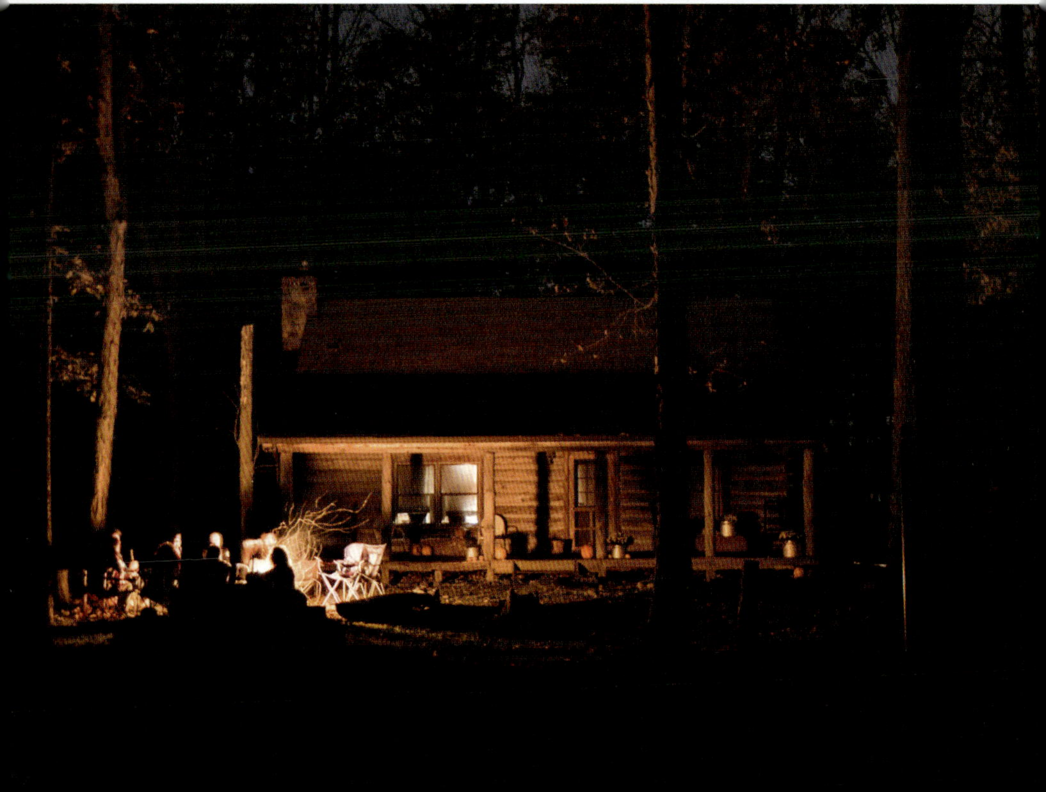

아본다면 같은 장소로 가는 더 싼 여행상품을 발견할지도 모르겠지만, 상품 정보에는 나와 있지 않은 원치 않는 상황을 여행 중에 맞닥뜨리게 될지도 모른다. 추가되는 비용은 자신이 세심하게 챙겨야 할 시간과 노력에 대한 대가라고 생각하면 된다. 굳이 가격을 할인하지 않아도 고객은 기꺼이 상품을 구매한다. 라이프스타일 브랜드는 고객과의 특별한 관계 덕에 스타 마케팅이나 할인 프로모션 없이도 고객 재방문율, 재구매율, 연계판매율이 매우 높은 것이 특징이다.

기업은 고객 중심 경영을 외치지만 실제 경영은 고객이 아닌 최고 의사결정자 중심으로 이루어지는 경우가 대부분이다. 진정한 고객 중심 경영은 기업과 구성원이 고객과 같은 생각을 가지고, 같은 길을 걸어갈 때 이루어진다. 이것은 회사의 이름을 포함해 기업의 모든 브랜드가 라이프스타일 브랜드로 전환될 때 가능하다.

19 골목 상권과 퍼스널 브랜드가 뜬다

골목 상권은 골목에 위치해 있지만 지역적으로 더 광범위한 고객을 대상으로 한다. 그런 점에서 동네 주민을 주 고객으로 하는 동네가게와는 다르다. 뉴욕, 도쿄, 파리의 골목에는 작지만 개성 넘치는 가게들이 많다. 독특한 옷과 잡화를 파는 편집 샵도, 식당, 카페, 서점처럼 평범할 수 있는 장소도 나름의 개성을 가지고 있다. 도시 내에 많은 단골을 보유하고 있고, 소문을 타고 전국, 전 세계로부터 고객이 찾아온다.

책을 좋아하는 나는 과거 모습을 그대로 간직하고 있다는 뉴욕의 한 고서점을 애써 찾아간 적이 있다. 짧은 여행기간 중 거의 반나절을 오래된 종이 냄새에 취해 서가를 돌며 행복했던 기억이 있다. 서점을 나올 때는 고대 전략서와 처음 보는 화가의 화보집, 빈티지한 책갈피까지 한 보따리가 손에 들려 있었다.

이런 곳은 주인의 개성과 철학을 담고 있고, 그것에 끌리는 사람들이 단골이 된다. 동종의 대기업들이 있음에도 불구하고 주요 대도시 골목 상권이 살아남을 수 있는 이유는 그곳에 다양한 라이프스타일이 존재하고, 대형매

장이 주지 못하는 개성 있는 라이프스타일 제안이 있기 때문이다.

　창업을 하려는 사람들의 가장 큰 고민은 '무슨 사업을 할까?'이다. 그러다가 요즘 뜬다는 아이템을 잡거나 남들이 하는 것을 따라 한다. 치킨집으로 대변되는 한국의 은퇴형 자영업은 5년 안에 망한다는 통계청 분석이 있다. 창업 컨설턴트들은 "성공하는 사업은 창업자의 강점과 시장의 수요가 만나는 곳에서 만들어진다"고 조언한다. 창업자의 가장 큰 강점이자 차별성은 자신의 삶 자체이다. 나의 경험, 직업, 취미, 성격, 가치관이 모여 나의 강점과 차별성을 만든다. 이것은 세상에 하나밖에 없는 것이다. 따라서 나의 라이프스타일 전체 혹은 일부를 시장의 수요와 연결할 수 있다면 좋은 사업이 될 것이다. 제안하는 라이프스타일이 매력적이라면 고객은 동네 주민을 넘어 확대되고, 자신의 매장이 골목 상권을 만드는 첫 시작이 될 수도 있다. 각자의 삶과 개성을 담아낸 가게는 우리 골목과 우리의 삶을 더욱 풍성하게 만든다.

화장품을 좋아하는 사람이라면 고객 피부에 맞는 화장품을 추천해 주거나 화장법을 가르쳐 주고, 심지어 맞춤 화장품을 즉석에서 만들어 줄 수도 있다. 프랑스 셰프가 차린 프라이빗 레스토랑, 일본인 주부가 운영하는 일본 가정식 식당 같은 곳도 그러하다. 고양이가 좋아 고양이 물건만 만들거나 모아 파는 편집 샵도 그러한 예다. 이런 곳 모두가 하나의 라이프스타일을 제안하는 라이프스타일 샵이다. 선진국의 사례처럼 라이프스타일의 다양화는 개성 있는 라이프스타일 샵들이 성장할 수 있는 토양이 된다. 한국도 홍대, 가로수길, 경리단길 등 젊은 골목 상권을 중심으로 개성 있는 라이프스타일 샵들이 늘어나고 있다.

강남 가로수길에서 안으로 꽤 들어간 곳에 '배드 파머스Bad Farmers'라는 샐러드 레스토랑이 있다. 아직 상권으로 발전하지 않은 뒷골목임에도 불구하고 식사 때마다 대기를 해야 할 정도로 인기다. 소셜 네트워크에는 이곳에서 찍은 사진들이 매일 올라온다. 4명의 청년이 모여 시작한 이 식당은 최소한의 가공만 거친 자연 재료로 만든 샐러드와 착즙 주스를 판매한다.

이들의 창립 철학은 '젊은이들의 건강'이다. 나쁜 것만 먹고 자란 나쁜 농부가 몸에 좋은 음식을 만들어 보겠다 하여 식당 이름도 '배드 파머스'로 지었다. '1일 1샐러드'와 같은 표어를 붙여두고 '젊은 사람들도 건강을 생각하자'는 콘셉트를 내세웠다. 착즙 주스 이름도 '미안하다, 내 몸아', '살들아, 잘 있거라', '늙지 않아'와 같이 건강을 생각하는 젊은 감성을 담았다. 그들이 제안하는 라이프스타일을 수용하는 고객들이 꽤 많아지자, 그들은 제안을 확장했다. 배드 파머스라는 브랜드로 아침 주스를 배달하기 시작했고, 시중

배드 파머스의 메인 메뉴인 샐러드

편의점에도 공급했다. 또 자연 식품을 포장해 온라인으로 판매했다. 이 제안들 역시 큰 성공을 거두고 있다. 배드 파머스는 젊은이들을 위한 웰빙 라이프스타일을 대표하는 인기 브랜드가 되고 있다.

장소나 기업이 아닌 한 개인이 라이프스타일을 제안할 때, 개인은 하나의 브랜드가 된다. 이런 퍼스널 브랜드의 예는 수없이 많다. 체 게바라나 안중근과 같은 위인들은 삶 자체가 하나의 라이프스타일 제안이다. 체 게바라 얼굴이나 안중근 의사의 손도장이 인쇄된 티셔츠는 주위에서 한번쯤 봤을 것이다. 위인까지는 아니더라도 한 개인의 삶 전체가 대표하는 것을 다른 사람이 좋아하고 사 줄 때, 그 이름은 브랜드가 된다. 한마디로 한 개인의 라이프스타일과 시장의 수요가 만나는 곳에 퍼스널 브랜드가 있다. 매력적인 나의 이야기는 누군가에게 감동을 주는 콘텐츠가 되고 브랜드가 될 수 있다. 70억 세계인 중 1,000명의 진정한 팬을 만들 수만 있다면 우리는 평생 '나'로 살아갈 수 있다.

개통령으로 불리는 반려견 훈련사 강형욱은 한국 반려견 역사에 한 획을 긋고 있다. 그는 개의 종 이름으로 한글을 깨우쳤고, 평생 개와 함께 살면 좋겠다는 생각으로 반려견 훈련사가 되었을 만큼 개를 좋아한다. EBS 교육방송에서 4주짜리 특별 프로그램으로 제작된 〈세상에 나쁜 개는 없다〉는 그를 일약 스타로 만들었다. 프로그램 제목에서 알 수 있듯, 이 프로그램에는 강형욱의 철학이 담겨 있다. 말썽을 일으키는 개는 모두 보호자의 잘못된 행동 때문이라는 것이다. 그리고 그는 100회분 방송을 통해 이를 증명해 보였다. 그가 개를 관찰하고 훈련하는 과정을 보면, 그는 개의 입장에서 생각하고 개의 행동방식대로 움직인다. 이런 훈련법은 기존의 반려견을 주종관계나 애완용으로 보던 시각을 바꿔놓았고 애견인들의 인기를 얻었다. 그는 '보듬컴퍼니'라는 회사를 설립하고 오프라인 훈련뿐 아니라 온라인 교육과 워크숍을 진행하며, 온라인 쇼핑몰을 통해 다양한 반려견용품도 판매한다. 이처럼 그는 삶 전체로 하나의 라이프스타일을 제안하고 있으며, 그의 제안은 많은 애견인들의 지지와 사랑을 얻고 있다.

지금까지 대기업과 개인의 경쟁에서 승리자는 대체로 대기업이었다. 대형 유통체인은 상품의 종류와 가격 경쟁력을 무기로 전통시장과 동네 슈퍼마켓을 무너뜨리고 독립 상점들의 목줄을 죄었다. 하지만 라이프스타일 제안은 모두가 상생할 수 있는 길을 보여준다. 대기업들은 더 넓은 범위의 라이프스타일을 망라할 수 있지만 그만큼 개별성은 떨어진다. 각 고객들의 가치관이나 세세한 삶의 방식까지 살필 수가 없다. 고객이 기업의 주인인 시대에 고객을 잘 모른다는 것은 매우 불리하다. 반면 개인사업자는 고객과의 직접적인 커뮤니케이션을 통해 고객을 더 잘 이해할 수 있다. 대기업들이 구매이력이나 쇼핑몰 클릭 패턴을 분석하고 있을 때, 개인은 고객과의 대화를 통해 정보를 얻는다. 고객의 가치관과 라이프스타일은 대기업이 쉽게 얻을 수 없는 소중한 고객 정보다. 이 정보는 제안의 질을 좌우한다. 고객은 예상하지 못한 것, 세심한 것에 감동한다. 고객 만족에서는 대기업이 유리할 수 있어도, 고객 감동에 있어서는 개인이 더 유리하다. 라이프스타일 시대는 대기업, 대자본으로 기울었던 저울의 균형을 다시 돌려놓고 있다.

인공지능과 인간의
라이프스타일 제안 대결

라이프스타일 제안의 경쟁력은 두 가지 요소에 좌우된다. 첫 번째는 고객에 대한 이해도이다. 고객에 대한 개별적, 구체적, 심리적인 이해가 깊을수록 제안에 유리하다. 그리고 두 번째는 라이프스타일 제안을 구성하는 큐레이션 능력인데, 이것은 선택의 범위와 전문성, 그리고 창의성에 달렸다.

연인과의 여행 계획을 짠다고 가정해 보자. 목표는 상대 여성의 라이프스타일에 맞는 여행을 제안하여 이를 수락하도록 하는 것이다. 여성들이 보

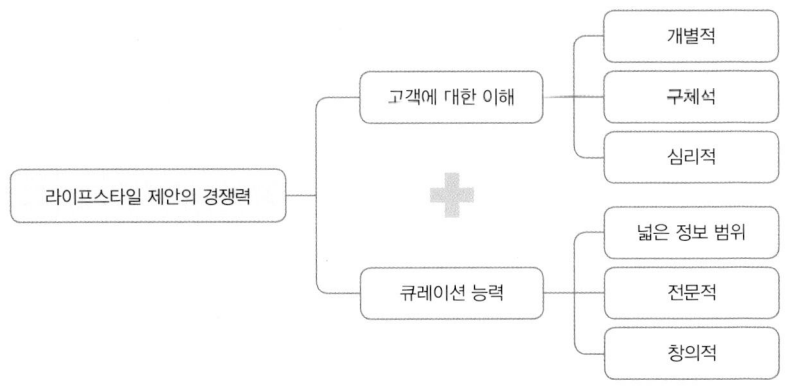

편적으로 좋아하는 여행지보다는 연인의 취향에 맞는 여행지가 더 좋을 것이다(개별성). 여행지 선정만이 아니라, 어떤 음식을 좋아하는지, 어떤 것을 꺼리는지에 대한 정보가 많을수록 제안의 실패 확률은 줄어든다(구체성). 또한 말로는 알뜰한 여행이 좋다고 했더라도, 정말 검소한 여행을 준비한다면 다음 기회는 없을 수도 있다. 표현하는 것 말고도 진짜 속마음을 파악하는 것이 중요하다(심리적).

이제 상대에 대한 이해를 기반으로 여행의 구체적인 부분들을 완성해야 한다. 블로그, 맛집 앱, 페이스북 등 인터넷 정보를 활용한다. 여행지를 가봤던 지인에게도 조언을 구한다. 도서관에도 가볼까 했지만 다 볼 수 없을 것 같아 포기한다(정보 범위). 상대의 취향과 자신의 맛집을 알아보는 안목을 결합해 최적의 식당을 선택한다. 조건검색이 가능한 숙박 앱을 활용해 적합한 숙소도 결정한다(전문성). 깜짝 이벤트로, 상대는 모르고 있을 200일 기념 선물을 여행 중에 줄 수 있게 준비한다(창의성). 이렇게 해서 그녀를 위한 최고의 여행 계획은 완성된다.

라이프스타일 비즈니스의 부상은 대기업으로 기울었던 균형을 다시 돌려놓고 있다고 했는데, 여기서 확인해야 할 또 한 가지 경쟁력의 변수는 기업과 개인이 가용할 수 있는 IT 능력의 차이다. IT가 현대 경영에 있어 중요한 무기임은 틀림이 없다. 대기업은 이것을 활용할 수 있는 기반과 자본을 가지고 빅데이터나 인공지능 같은 첨단기술을 기업 실무에 적용하고 있다. 이런 기술은 라이프스타일 제안 경쟁력에 어떤 영향을 미칠까? 이것을 살펴보는 것은 대형 브랜드와 퍼스널 브랜드의 미래 라이프스타일 제안 경쟁

상황을 미리 그려보는 데 도움이 될 것이다.

얼마 전까지 중요한 IT 키워드였던 빅데이터란 매우 빠르게 축적되어 양이 많고, 형식도 다양한 데이터를 의미한다. 고객정보와 관련한 주요 빅데이터는 구매이력, 제품 이용 후기, 콜센터 녹음파일, 쇼핑몰 이용정보 등이다. 한 기업 내에서 구매한 정보뿐만 아니라 다른 기업과의 제휴를 통해 복수 기업의 구매이력을 조합하여 활용한다. 이때 신용카드 결제 정보도 많이 활용된다. 쇼핑몰에 로그인하는 순간부터 내가 쇼핑몰에서 하는 모든 행동은 기록된다. 어떤 검색 키워드를 입력하는지, 어떤 제품을 클릭하는지, 어떤 제품 페이지에서 오래 머무르는지, 어떤 제품을 장바구니에 담아 놓는지, 구매의 어느 단계까지 갔다가 포기하는지 등 모든 정보가 기록되고 있다. 모든 회원에 대한 이런 정보들을 쌓아놓은 것이 빅데이터다. 쌓인 빅데이터 자체보다 이것을 어떻게 활용하느냐가 중요한데, 주로 기업이 빅데이터를 활용하는 방식은 비슷한 행동 패턴을 보이는 고객 집단을 찾아내 집단 내 고객들의 차이점을 분석하는 것이다. 쇼핑몰에서 비슷하게 행동하는 두 명의 고객이 있는데, 한 명은 A제품을 샀고 다른 고객은 안 샀다면, 그 고객도 A제품을 살 가능성이 높다고 분석해 내는 것이다.

학문으로서의 인공지능 역사는 매우 오래되었다. 1950년대부터 시작된 연구는 60년이 지난 최근에야 실용화 단계에 들어섰다. 한 가지 기술이 다른 기술을 낳듯, 빅데이터 기술 덕분에 인공지능 실용화가 가능해졌다. 기계가 지능을 갖는 방법은 두 가지가 있는데, 하나는 사람이 가르치는 머신

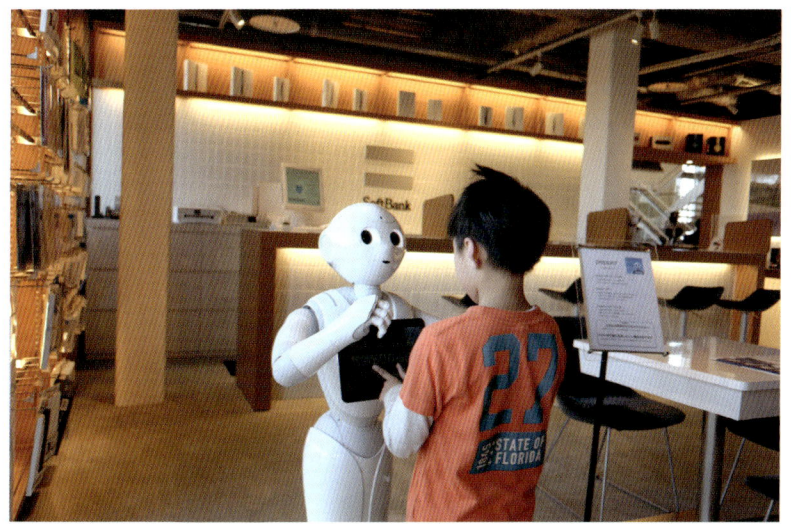

츠타야 하코다테점에서 꼬마 고객을 응대 중인 소프트뱅크 인공지능 로봇 페퍼(Pepper).
출처: flickr.com/photos/chinnian

러닝Machine Learning 방법이다. 머신 러닝은 기계가 학습할 수 있는 데이터를 충분히 넣어주어 기계의 응용능력을 키우는 것이다. 예를 들어 다양한 상황에서 녹음된 '사과'라는 소리를 컴퓨터에게 들려주고, "이건 모두 사과라는 소리야"라고 기계에게 알려주는 것이다. 더 많은 소리를 들려줄수록 컴퓨터는 사과라는 소리를 더 정확하게 알아듣게 된다. 이처럼 대량의 학습 데이터를 주입하는 데에 빅데이터가 활용된다. 휴대폰이나 인공지능 스피커에서 활용하는 음성인식 기술은 머신 러닝 기법을 활용하고 있다. 자동 번역이나 사진 인식, 개인 비서 기능도 마찬가지다.

두 번째 학습방법은 기계가 스스로 공부하는 딥 러닝Deep Learning 방식이다. 이 방법은 규칙만 알려주고 답은 컴퓨터가 스스로 시행착오를 통해 찾도록 하는 방법이다. 자율 주행 자동차는 딥 러닝 방식을 활용하는데, 충돌하지 않으면서 가장 빨리 가라는 목표를 주고, 벽이나 장애물에 대한 규칙을 알려준다. 그러면 컴퓨터는 시행착오를 통해 점점 목표를 달성하는 최적의 조건을 찾아나간다. 컴퓨터가 가지는 이점은 1초도 쉴 필요가 없고, 동시에 수천, 수만 개의 시도를 할 수 있다는 점이다. 컴퓨터 성능이 좋아질수록 컴퓨터는 더 빨리 배운다. 이세돌 프로 바둑기사를 4대 1로 이겼던 구글의 알파고는 딥 러닝 방식을 활용한 인공지능이다.

대기업들은 이런 기술을 자신의 마케팅에 이미 활용하고 있거나, 이를 준비하고 있다. 고객 정보의 개별성과 구체성 면에서는 개인보다 빅데이터와 데이터 관리 기술을 보유한 대기업이 더 많은 정보를 더 빠르게 처리할 수 있다. 하지만 심리적인 정보에 있어서는 IT 기술의 우위를 주장하기 힘들다. 고객의 라이프스타일을 이해하는 것은 구매이력을 분석하는 것만으로는 한계가 있다. 고객의 가치관이나 미래 소망 같은 것은 데이터로 쉽게 드러나지 않는다. 데이터 상의 구매 패턴이 미니멀 라이프스타일 소비 패턴과 비슷할지라도 진정한 미니멀리스트인지, 저소득에 의한 비자발적 미니멀리스트인지는 분간하기 어렵다. 고객의 내면 정보는 보통 1대 1 대화를 통해 얻어지는데, 대기업은 현실적으로 이것이 불가능하다. 모든 고객들과 속 깊은 대화를 나눌 수도, 그것을 시스템으로 처리할 수도 없기 때문이다. 여기에 개인사업자의 경쟁력이 있다. 개인 비서 기능이 발달하여, 영화 〈그녀〉Her에서처럼 인공지능과 속 깊은 대화를 할 수 있게 되면 가능할지도 모르겠다.

큐레이션 선택의 범위에 있어서는 빅데이터와 인공지능을 앞세운 대기업이 유리하다. 한 사람이 12년 동안 검토해야 하는 스커트를 컴퓨터는 몇 초 만에 끝낼 수도 있다. 색상, 패턴, 사이즈, 소재, 가격 등을 검토하여 고객에게 맞는 상품을 쉽게 찾아낸다. 하지만 전문성과 창의성 면에서는 인간이

유리하다. 아직 컴퓨터는 재질에서 느껴지는 미묘한 감촉의 차이를 구별할 수 없다. 데이터 상으로는 똑같은 면 100% 소재라도 감촉이나 느낌은 다르다. 같은 사이즈의 옷이라도 고객의 체형이나 스타일에 따라 어울리는 것이 있고 그렇지 않은 것이 있다. 데이터만으로 분석할 수 없는 영역이 존재하는 한, 선정의 전문성은 사람이 더 낫다.

고객의 감동을 자아내는 창의성은 고객에 대한 심리적 이해를 기반으로 한다. 이런 이해를 바탕으로 수많은 가능성 속에서 뭔가를 창조해 낸다는 것은 기계로서는 쉽지 않은 일이다. 여행의 깜짝 이벤트인 200일 축하 선물은 여행이라는 주제하고도 관련이 없을뿐더러, 만난 지 200일이라는 정보, 여자 친구가 이런 이벤트를 좋아할 것이라는 심리적 이해도 필요하다. 인공지능에게 정보의 범주를 제한해줘야 하는데, 사람이 생각할 수 있는 아이디어의 범위는 생각보다 크다.

결론적으로 라이프스타일 제안에 있어서 IT 기술은 포괄하는 고객의 수와 제안의 다양성에 있어서는 도움이 되지만, 제안의 정교함과 창의성에 있어서는 아직 사람을 따라갈 수 없다. IT 기술의 발달에도 불구하고 라이프스타일 비즈니스에 있어서 대기업 브랜드와 퍼스널 브랜드는 상생의 가능성을 갖고 있다. 이것은 골목 상권과 퍼스널 브랜드의 부상을 예측하는 또 하나의 근거다.

| 5 장 |

승승장구하는
라이프스타일 기업들

· Lifestyle ·

최근 라이프스타일 기업, 라이프스타일 브랜드를 표방하는 곳이 많아지고 있다. 하지만 고객의 가치관을 담지 못한 브랜드는 이런저런 물건을 모아다 놓은 잡화점일 뿐이다. 이런 곳이라면 고객은 언제든 더 싸고 좋은 물건을 파는 곳으로 이동한다.
진정한 라이프스타일 기업은 고객의 특별한 삶의 방식을 이해하고 그것을 다양한 방식으로 지원한다. 기업과 브랜드에는 철학이 있고 스토리가 있다. 단지 물건을 더 팔기 위해 가치를 저버리지 않고, 이익을 더 남기기 위해 기업철학을 외면하지 않는다. 그리고 최고 의사결정자의 철학과 기업의 핵심가치, 구성원의 생각과 경영 프로세스가 고객이 추구하는 가치와 잘 연결되어 있다. 그리고 이것을 유지하고 강화하는 체계를 발전시켜 나간다. 고객은 자신과 같은 신념을 가진 기업을 쉽게 알아보고, 열광적인 팬이 된다.

· Business ·

21. 북유럽의 행복을 제안하다, 이케아(IKEA)

라이프스타일 기업을 말하는 데 있어 빼놓을 수 없는 기업이 이케아다. 스웨덴의 높은 세금을 피해 현재 이케아 본사는 네덜란드에 있지만, 이케아는 스웨덴 남부 엘름훌트에서 시작되었고 디자인과 연구는 여전히 이곳에서 담당하고 있다.

이케아의 역사와 콘셉트를 전시한 '이케아 박물관'도 엘름훌트에 위치하고 있다. 이케아 홈페이지를 보면, 이케아의 모든 행동을 결정하는 독특한 문화와 가치는 '전형적인 스웨덴 스타일'이라고 선언하고 있다. 또한 이케아의 모든 콘셉트는 스웨덴에 뿌리를 둔 것임을 강조한다. 이케아의 로고 색상인 남색과 노랑은 스웨덴의 국기 색상과도 같다. 모든 이케아 제품의 이름은 영어가 아닌 읽고 외우기도 어려운 스웨덴 이름을 그대로 사용한다. 그리고 이케아의 모든 제품에는 'Design and Quality IKEA of Sweden'이라는 표식이 달려있다.

이케아 매장과 이케아 레스토랑의 미트볼. 출처: (아래) flickr.com/photos/onthewhiteline

이케아 제품의 독특한 디자인은 노르딕, 스칸디나비안 디자인으로도 불리는 북유럽식 디자인을 표방한다. 북유럽 디자인의 특징은 원목과 초록의 자연색과 밝은 무채색이 주요 색상을 이루며, 단순하고 실용적이다. 이런 특징은 북유럽의 자연과 기후에서 비롯되었다. 이 지역은 나무가 많고, 춥고 밤이 길다. 따라서 집은 주로 목재와 돌을 활용하여 지어지고, 외출이나 유흥보다는 집 안에서 가족과 보내는 시간이 많다. 이런 이유로 북유럽 가구와 생활용품은 수수하고 간결하며 밝고 안락하다. 시간이 흘러도 질리지 않고, 본질적 기능에 충실하다.

북유럽 디자인은 정치, 문화적 요인에도 영향을 받았다. 유엔의 〈2016년 세계 행복 보고서〉에서 행복한 나라 상위권은 덴마크(1위), 아이슬란드(3위), 노르웨이(4위), 핀란드(5위), 스웨덴(10위) 등 북유럽 국가들이 차지했다. 참고로 한국은 58위였다. 스웨덴은 이케아가 본사를 다른 나라로 옮길 정도로 세율이 높지만, 그만큼 사회복지가 잘 갖춰져 있다. 평등한 소득 균형으로 상대적 박탈감이 적고, 경쟁이 치열하지 않다. 최고, 일등보다 모두의 행복을 지향한다. 따라서 북유럽 디자인은 소수 지배계층을 위한 과시적 디자인이 아니라 민주적이며 평등한 '모두를 위한 디자인'이란 철학을 담고 있다. 또한 공공의 이익과 환경을 생각하는 친환경 자연주의를 바탕으로 한다.

북유럽의 혹독한 환경은 간결하고 실용적인 북유럽식 디자인을 탄생시켰다.

포스트모더니즘과 다양한 라이프스타일 확산에 따라 북유럽 라이프스타일과 디자인이 세계적인 조명을 받기 시작했다. 그리고 이케아는 이것을 가장 잘 제안하는 기업이다. 이케아는 단지 조립식 가구를 잘 만들어 성공한 것이 아니라, 이런 철학과 가치가 담긴 라이프스타일을 팔아 성공한 기업이다. 한국에도 조립식 가구를 잘 만들거나 무료로 배송과 조립까지 해주는 가구회사들이 없던 것은 아니었다. 하지만 이케아 한국 진출과 함께 한국 가구회사들이 긴장하고 있다. 이런 현상은 독일 등 이케아가 상륙하는 모든 나라에서 똑같이 일어났다. 북유럽 라이프를 파는 이케아는 현재 40개국에 진출하여, 340개 매장을 운영하고 있다.

이케아 매장을 방문한 사람들이 가장 감탄하는 두 가지가 있다. 그중 하나는 쇼룸Showroom이다. 쇼룸은 라이프스타일 제안을 시각적으로 보여주는 확실한 방법 중 하나다. 쇼룸은 거의 이케아 제품들로 구성되어 있지만, 현실감을 더하기 위해 옷, 책, 신발, 노트북 등 이케아가 취급하지 않는 물건까지 함께 디스플레이되어 있다. 창문에는 창밖 경치까지 붙여 두기도 한다. 그래서 쇼룸에 들어가면 마치 북유럽 가정집에 들어와 있는 느낌을 받는다. 그리고 사람들은 쇼룸에서 '이렇게 해 놓고 살고 싶다'는 생각을 하게 된다. 라이프스타일 제안이 성공했을 때 소비자가 느끼는 감정이 '이렇게 살고 싶다'는 것이다. 이케아는 항상 고객이 쇼룸을 먼저 둘러보도록 유도한다. 이것은 물건들을 종류별로만 진열해놓은 다른 매장과의 분명한 차이다. 또 주기적으로 쇼룸 구성을 바꿔서 고객의 재방문을 유도한다.

한국 이케아의 재방문율은 70%에 달한다. 평생 한두 번 갈까 말까 한 가구점과 비교하면 엄청난 수치다. 환상적인 40~60개의 쇼룸을 돌아 나오면 가구 전체를 당장 바꾸지 못하더라도 맘에 들었던 몇 가지 소품을 손에 들고 있기 마련이다.

매장을 가지 못하는 사람에게도 쇼룸의 효과를 주는 도구가 있는데, 바로 이케아의 카탈로그다. 이 카탈로그는 전 세계에 성경보다 많이 배포되는 책으로 유명하다. 2016년에는 32개 언어로 2억 1,400만 부가 인쇄되었다. 카탈로그 구성도 일반적인 제품 나열 방식이 아니라 행복한 삶의 장면들 속에서 이케아 제품을 소개하는 방식이다. 마치 이케아 제품을 사용하면 영화 같은 삶을 살 수 있을 것 같은 느낌을 준다.

고객이 놀라는 또 한 가지는 가격이다. 전체가 수입품임에도 불구하고 매우 저렴하다. 심플한 5단 목재 책장의 가격이 고작 2만 원이다. 이케아는 설립 초기 때부터 철저한 원가 절감 노력을 기울여 왔다. 여기서 탄생한 것이 고객이 직접 배송하고 조립하는 방식이다. 그리고 모든 제품을 빈 공간 없이 납작한 사각형 모양으로 패키징하는데, 이런 방식은 종전의 완제품 가구 배송에 드는 비용의 6분의 1 수준으로 배송이 가능하다.

공급자 선정 시에도 낮은 가격을 중요한 원칙으로 하며, 내부 연구원 간에도 비슷한 디자인이라면 보다 낮은 원가의 디자인을 채택하여 상품화한다. 심플한 책장이라도 보이는 곳은 고급스럽게 마감하고, 보이지 않는 쪽은 마감 없이 목재 원형 그대로 둔다. 플라스틱 나사를 쓸 수 있는 곳에는 금

오두를
위한
방
만들기

₩349,000

이케아는 납작한 포장을 통해 물류비를 절감하고 고객이 쉽게 차에 실어 가져갈 수 있도록 하고 있다.

속 나사를 대체해 무게를 줄인다. 이런 것도 세심한 원가절감 노력이다. 공장도 스웨덴에서 동유럽으로, 동유럽에서 중국으로, 더 싼 곳을 찾아 이전하고 있다. 이케아 매장에는 계산대 외에 서비스 직원이 거의 보이지 않는 것도 특징이다. 매장 직원도 최소 인원으로 운영한다. 관세와 운송비가 낮은 루트를 개발하여 물류 비용을 낮춘다. 이러한 끊임없는 비용절감 노력은 잉바르 캄프라드 Invar Kamprad 회장의 고집스런 검수 철학의 영향도 있지만, 모두를 위한 디자인이라는 북유럽 디자인 철학과도 맥이 닿아 있다.

이케아는 가구로 출발했지만, 조명, 생활용품, 주방용품, 인테리어 소품, 문구/완구, 식품과 레스토랑까지 북유럽 라이프스타일 제안을 확장하고 있다. 이 제안이 가전, 패션, 뷰티로 확장되지 못할 이유는 없다. 이케아 웁레바 Uppleva 는 가구와 TV를 결합해 선 없는 깔끔한 인테리어를 가능케 한 제품이다. 이케아는 가구뿐만 아니라 많은 산업의 무서운 경쟁자가 되고 있다.

이케아와의 싸움은 산업이나 제품의 경쟁이 아니라 라이프스타일 경쟁이다. 이 점을 이해하지 못하면 항상 한 발 앞서서 고객의 라이프스타일을 리드하는 이케아를 절대 이길 수 없다. 이케아 회장은 인류에게 집이 있는 한, 이케아는 망하지 않을 것이라고 자신한다. 북유럽 라이프스타일을 추구하는 고객의 가정 생활은 이케아로 시작해서 이케아로 끝날 수 있는 것이다.

이케아는 행복의 나라, 북유럽 스웨덴이라는 국가 브랜드를 기반으로 오직 이케아라는 기업 브랜드 하나만을 고수하고 있다. 그만큼 기업 브랜드가 강력하게 라이프스타일에 매칭되어 있고, 여기에 모든 것을 담아내고 있다. 강력한 기업 브랜드는 다른 서브 브랜드를 필요로 하지 않는다. 이런 기업의 사명과 목표는 자연히 명확해지고 차별화된다. 이케아의 사명은 간단하게 말해 스웨덴 라이프스타일을 파는 것이다. 기업의 구성원도 이것을 쉽게 이해하고 실무에 적용하게 된다. 또한 마케팅 자원을 하나에 집중할 수 있다. 브랜드 전체를 카탈로그 한 권에 담아낼 수 있는 것이다. 이케아와 같이 특별한 라이프스타일을 대표하는 기업 브랜드를 구축하는 것은 한국 기업들이 풀어야 할 숙제이다.

22. 미니멀 의식주의 모든 것, 무인양품(MUJI)

무인양품은 미니멀리즘을 추구하는 일본 라이프스타일 브랜드다. 무인양품이라는 이름 자체가 '상표(인장)가 없는 좋은 물건'이라는 뜻으로, 본질에 충실하며 심플한 의류, 가전가구, 생활용품을 제공한다. 제품 외관에 브랜드 로고가 없는 것으로도 유명하다. 심플하고 깔끔한 제품을 찾는다면 무인양품 매장으로 가면 된다.

무인양품의 철학은 '여백'과 '본질에 충실함'이다. 세계적인 일본 디자이너 하라 켄야가 디자인한 대표적인 광고 포스터는 지평선 멀리 서 있는 한 사람과 작은 무인양품이라는 글자가 전부다. 이 '지평선' 포스터는 무인양품의 비움의 철학과 여백의 미학을 담고 있다. 홈페이지를 들어가 봐도 꼭 필요한 내용만 표시되어 있고, 더 자세한 것을 알고 싶은 사람은 'MORE' 버튼을 눌러서 볼 수 있게 했다.

그들은 자신들의 제품이 세계 최고라며 고객에게 구매를 강요하는 그런 제품은 아니라고 말한다. '이거면 족하다'는 만족감을 주는 제품이라고 설명

(위) 무인양품 제품들로 꾸민 식탁 인테리어. 출처: 무인양품 홈페이지(muji.com)
(중간) 하라 켄야의 무인양품 지평선 포스터 시리즈. 출처: 무인양품 홈페이지(muji.com)
(아래) 단순함과 여백의 미가 돋보이는 일본의 가레산스이 정원

한다. 과하지 않은 딱 그만큼의 제품이라는 의미다. 무인양품 디자이너들은 수백 곳의 가정집을 방문해 왜 욕실이 지저분하게 보이는지 연구했다. 이유는 제조사들이 자신의 제품을 부각하려고 제각기 화려한 디자인을 제품에 적용한 탓이라는 결론을 내렸다. 무인양품은 투명, 반투명의 일관된 욕실 용기와 미용용품을 제공하고 있다.

무인양품 매장의 배경음악은 반복적이고 단순한 선율의 명상음악이다. 음악에서조차 단순함과 여백을 추구한다. 여백의 철학은 제품을 제작하는 공정에서도 나타나는데, 무인양품의 모든 종이는 표백이나 광택 공정을 없앤 누런 종이를 사용한다. 옷감도 표백이나 염색공정을 제거하고 원재료 그대로의 색을 사용한다. 100L 소형 냉장고, 6kg 소형 세탁기, 전자레인지, 전기밥솥 등 무인양품의 가전도 백색의 깔끔하게 떨어지는 일관된 사각 디자인이다.

다른 패션 디자이너들이 의상의 시각적인 면에 신경 쓸 때, 무인양품의 의류 디자이너들은 '어떻게 다리지 않아도 구겨지지 않는 옷을 만들까', '빨아도 되는 울 스웨터를 만들 순 없을까', '터틀넥의 목에 닿는 까슬한 감촉을 어떻게 없앨까'라는 옷에 대한 본질적인 고민을 한다. 그래서 무인양품 의류는 안 사 본 사람은 있어도 한 번 산 사람은 없다는 이야기가 나온다. 서 있는 사람의 다리와 발이 이루는 각도는 90도인데 왜 모든 양말은 120도일까라는 의문에서 나온 90도 양말도 제품의 본질을 재고한 사례다.

봉의 앞쪽만 바꿔서 창문닦게, 먼지클리너, 물걸레 청소기 등 다용도로

로고를 표시하지 않는 것으로 유명한 깔끔하고 실용적인 무인양품의 제품들

쓸 수 있는 청소봉과 벽 구석에 청소봉을 깔끔하게 보관할 수 있는 청소함까지 그들의 제품은 창의적이고 세심하다. 주방용기에도 무늬나 장식은 없다. 무인양품의 화장품이 가장 강조하는 것은 구성물의 90% 이상을 차지하고 있는 물이다. 무인양품의 기초 화장품은 리쿠추 해안 국립공원이 있는 이와테 현 가마이시 시 동굴의 약알칼리 천연수를 사용해 만든다. 무인양품은 인기 연예인 광고 대신, 깔끔한 외모의 일반인을 활용해 홍보 콘텐츠를 제작한다.

남의 물건을 가져다 파는 유통업에서 출발한 무인양품이 지금의 확실한 철학과 가치관을 갖게 되기까지는 많은 노력이 있었다. 특히 5인의 무인양품 자문단은 새로운 제품과 디자인이 무인양품의 철학을 담고 있는지 감시자 역할을 한다. 무인양품은 세계적인 디자이너 다나카 잇코와 하라 켄야에게 자문단 중 아트 디렉터 역할을 차례로 맡겼다. 이들은 단순과 비움이라는 동양적 미에 관한 한 세계적인 전문가들이다. 이들은 무인양품의 디자인뿐만 아니라 철학을 정의하고, 그 방향이 유지되도록 교육하며 평가한다. 무인양품의 디자이너 채용 공고에는 디자인을 하지 않은 디자이너를 찾는다는 공고가 올라오기도 했다. 디자이너는 그림을 그리는 사람이 아니라 생각하는 사람이라는 것이 하라 켄야의 생각이다. 이것이 잡다한 생활용품을 취급하는 유통점이나 철학 없는 디자인 제품을 만드는 제조사와 무인양품이 구별되는 점이다.

무인양품은 그들의 라이프스타일 제안을 확장하고 있다. 입는 것에서 시작한 제안을 먹는 것으로 확대했다. 수제 카레나 쿠키, 건조 자연식품 등 가공을 최소화한 건강한 식품을 매장과 온라인을 통해 판매하고 있다. 여기서 더 나아가 레스토랑과 카페를 운영함으로써 식생활의 미니멀리즘을 제안한다. 식당의 인테리어와 식기는 모두 무인양품의 제품을 사용해 미니멀하게 구성했다. 재료 역시 신선한 제철 식재료들과 지역 산지의 유기농 농산물을 사용한다. 또한 화학 조미료 사용을 최소화하고 조리법도 간소화함으로써 재료 본연의 맛을 살린 건강한 요리를 제공한다. 2017년에는 슈퍼마켓까지 확장했는데, 이곳은 살충제와 화학비료를 사용하지 않는 유기농 식자재 마트다. 벌레 먹고 못 생겨도 신선하고 건강한 식재료를 제공하겠다는 '식'의 본질에 충실한 원칙을 고수한다.

무인양품 카페테리아 Café Meal MUJI의 미니멀 식사. 출처: flikr.com/photos/jonolist

무인양품의 조립식 하우스인 '창의 집' 외관 및 '나무의 집' 실내.
출처: 무인양품 홈페이지(house.muji.com)

파운드 무지(Found MUJI) 매장 내부와 식기 제품들.
출처: (위) flikr.com/photos/2otte, (아래) flikr.com/photos/ueblog

무인양품은 의식주 중 '주'까지 제안을 확장하고 있다. 무인양품 스타일의 집도 만들고, 호텔도 운영키로 한 것이다. 무인양품은 세 가지 조립식 주택을 내놓았다. 그중 '세로의 집'은 아홉 평의 땅만 있다면 지어 올릴 수 있는 3층 건물이다. 2,300만 엔(한화 2억 3천만 원)에 3개월이면 집이 완성된다. 집 전체에는 무인양품 스타일의 미니멀리즘이 녹아 있다. 내부 마감에 원목과 흰색만 사용했으며, 벽과 문을 없애고 여백을 주어 공간활용을 극대화시켰다. 조립식이지만 지진에도 강하고 단열도 잘 된다. 나머지 두 개 모델은 2층으로 된 대지 20평의 '나무의 집'과 15평 '창의 집'이다. 별장으로 쓸 수 있는 3~7평짜리 초소형 단층 주택도 선보였다. 이 집은 그야말로 모든 것을 뺀 미니멀 하우스다. 가격은 평당 1천만 원선이다. 아직 한국에서는 무인양품의 조립식 집이 판매되고 있진 않지만, 벌써 인터넷에서는 사고 싶다는 의견이 보인다. 2018년 초에는 무인양품 호텔도 중국에 먼저 오픈했는데, 무인양품의 콘셉트가 적용된 미니멀리즘 호텔이다. 무인양품은 고객의 요청으로 무인양품식 주택 리노베이션 사업에도 진출했다.

무인양품 철학은 '파운드 무지Found MUJI' 매장에서도 잘 나타난다. 파운드 무지는 전 세계에서 무인양품스러운 물건을 찾아내어 판매하는 파일럿 매장이다. 무인양품스러운 책을 선정해 파는 '무지 북스MUJI Books'도 있다. 일본의 일부 대형 무인양품 매장에서는 라이프스타일 제안을 테마별로 진열하는 츠타야 서점의 제안 방식을 적용하고 있다.

무인양품은 확실한 가치관을 가진 라이프스타일 제안의 확장성을 잘 보여준다. 자신들의 철학을 의식주 모두로 확장하여, 같은 라이프스타일을 가진 사람들이 의식주 모두를 무인양품으로 해결할 수 있게 하였다. 미니멀리즘으로 산다는 것은 무인양품 집에서 무인양품 옷을 입고, 무인양품 식기로, 무인양품의 음식을 먹으면 되는 것이다.

　무인양품의 어떤 자료에서도 미니멀이라는 단어를 찾아볼 수는 없지만 그들은 자신의 모든 것을 통해 미니멀리즘을 실천하고 있다. 스스로가 미니멀리스트가 됨으로써 세계 미니멀리스트들과 하나가 되는 것이다. 그리고 더 나은 미니멀 라이프를 지속적으로 제안함으로써 전 세계에 팬을 만들고 있다. 무인양품의 미니멀리즘 라이프스타일은 30개 국가, 780개 매장에서 지금도 팔리고 있다.

23. 환경을 생각한다면 더바디샵? 러쉬(LUSH)!

더바디샵 The Body Shop 은 1976년 영국 남부 해안가 브라이튼에서 아니타 로딕 Anita Roddick 에 의해 만들어졌다. 사회 운동가이기도 했던 그녀는 더바디샵에 자신의 삶의 철학을 담아 왔다. 화장품 업계 최초로 공정무역을 시작했으며, 그린피스와 함께 환경보호 운동을 하고, 화장품의 동물 테스트 반대운동을 세계 최초로 벌였다. 가정폭력 근절, 성 상품화 반대, 여성 자아 존중 등 여성 인권을 위한 활동을 해오기도 했다. 그래서 더바디샵의 제품은 화학원료를 전혀 사용하지 않는 천연 화장품이며, 동물 실험을 하지 않은 인증 제품이다. 더바디샵에는 이런 아니타 로딕의 라이프스타일이 담겨 있다. 그녀는 자신의 책에서 나이가 들어서도 젊게

더바디샵 창립자 아니타 로딕
출처: 더바디샵 홈페이지(www.thebodyshop.com)

보이려고 억지로 꾸미기보다 나이 든 대로의 아름다움을 예찬했다. 주름 속에 담긴 건강한 삶 자체가 가장 아름답다는 것이다. 환경을 생각하는 소비자라면 더바디샵을 선택하는 것이 당연했고, 동물을 사랑하는 사람들에게도 사랑을 받았다.

하지만 2006년 더바디샵은 세계 1위 화장품 그룹인 로레알에 인수된다. 로레알은 M&A(인수와 합병)를 통해 성장한 회사다. 랑콤, 메이블린 등 로레알 그룹의 거의 모든 브랜드가 인수를 통한 것들이다. 로레알의 성장 전략은 한 국가에서 뜨는 로컬기업을 인수하여, 로레알 유통망을 통해 전 세계로 유통시켜 성장시키는 방식이다. 그리고 로레알의 경쟁적인 조직 문화에

더바디샵 매장. 출처: flikr.com/photos/31954284@N07

흡수시켜 비용을 절감하고 이익을 극대화시킨다. 물론 필요에 따라 동물실험도 했다.

로레알의 더바디샵 인수는 많은 비판을 불러일으켰다. 인수와 함께 더바디샵은 환경보호기업 목록에서 제명되었고, 환경단체의 불매운동이 이어졌다. 아니타 로딕은 더바디샵이 로레알 그룹을 변화시킬 것이라 공언했지만, 인수된 다음 해인 2007년 그녀가 세상을 떠나면서 이 약속은 물거품이 되었다. 그 후 더바디샵의 철학은 로레알의 성장 정책과 계속 충돌했다. 로레알은 원하는 이익을 얻지 못했고, 더바디샵은 창업자의 가치를 지키기 어려웠다. 결국 로레알은 더바디샵을 시장에 매물로 내놓았고, 2017년 브라질 화장품 그룹인 나투라Natura에 팔기에 이른다.

더바디샵은 창업자가 사라진 뒤 기업 철학이 얼마나 지켜지기 어려운지 보여준다. 특히 철학이 이익과 충돌할 때 더욱 그렇다. 더바디샵의 정신을 1995년 설립된 같은 영국 태생 기업, 러쉬Lush가 이어 받았다. 러쉬의 창업자 마크 콘스탄틴Mark Constantine은 더바디샵에 친환경 바디용품을 공급하는 기업을 운영하다가 더바디샵이 변질되자 공급을 중단하고 러쉬를 창업했다.

러쉬하면 매장 밖까지 풍기는 강한 향을 떠올린다. 하지만 러쉬는 향만큼이나 강한 사회 운동가다. 러쉬는 더바디샵과 비슷하게 환경보호, 공정무역, 동물실험반대, 성 소수자 인권 보호, 포장 최소화 운동에 앞장서고 있다. 또한 각 국가별로 필요하다고 생각되는 사회 운동에도 참여하고 있다. 한국에선 아직 생소한 '퀴어Queer(성 소수자) 페스티벌'을 2017년까지 5년째 후원하고 있고, LGBT(레즈비언, 게이, 양성애자, 트랜스젠더의 약자)도 편견 없이 채용

(위) 러쉬 매장 내부와 (아래) 과대 포장을 줄여 환경을 보호하자는 'Go Naked 캠페인' 중인 러쉬코리아 직원들

한다. 러쉬는 바디로션인 채러티팟 Charity Pot 의 판매액 전체를 기부하는데, 한국에서는 동물보호, 일본군 위안부 역사 교육, 미혼모, 청소년 성 소수자 지원 등 10개 비영리단체에 1억 원이 넘게 지원되었다.

러쉬에는 윤리 관리자라는 직책이 있어서, 캠페인으로 일컫는 사회 운동과 기업의 윤리성을 책임지고 있다. 그리고 매장 직원까지 참여하는 캠페인 조직을 구성하고 교육한다. 러쉬 직원들은 다른 화장품 매장 직원처럼 고객에게 '제품이 왜 좋은지' 장황하게 설명하지 않는다. 대신 이 제품이 어떻게 세상에 도움이 되는지 이야기한다. 매장 직원들 하나하나가 한 명의 사회 운동가인 셈이다. 그래서 러쉬는 직원을 캠페이너 Campaigner 라고 부른다.

제품에는 동물 생존에 해가 되는 플라스틱 사용을 최소화했다. 포장에 들어가는 비닐과 플라스틱은 물론, 각질 제거 화장품에 들어가는 작은 플라스틱 알갱이도 사용하지 않는다. 플라스틱 펄 대신 자연 분해가 가능한 펄을 사용한다. 헤어 샴푸도 플라스틱 용기를 줄이기 위해 비누 형태의 샴푸바 Shampoo Bar 로 개발했다. 치약도 고체로 만들었다. 플라스틱이나 비닐이 필요한 곳에는 자연 분해가 되는 소재나 재활용 용기를 사용한다. 러쉬 특유의 용기인 블랙팟이 거칠고 검은 색인 이유는 재활용 플라스틱 용기이기 때문이다. 바다거북 코에 깊숙이 박힌 플라스틱 빨대를 빼는 영상이나 죽은 바닷새의 위 속에 가득 찬 플라스틱 영상을 보았다면 러쉬의 이런 운동에 당장이라도 동참하고 싶어질 것이다. 러쉬 제품의 85%에는 100% 베지테리언 표시가 있다. 이것은 동물성 물질과 계란, 우유 같은 동물 파생물을 전혀 포함하고 있지 않다는 인증이다.

요리를 조리하듯 제품을 만드는 러쉬의 수작업 제조 공장인 '키친'과 제조를 담당하는 직원인 '셰프'

러쉬의 제품은 자연으로부터 얻은 재료들을 사용하여 손으로 직접 '조리'한다. 방부제는 최소량을 사용하며 용기에 함유량을 표기한다. 그래서 일부 제품은 유통기한이 짧고 냉장 보관이 필요하다. 브랜드 로고에서도 '핸드 메이드'를 강조하고 있고, 제조공장을 키친으로, 제조를 담당하는 직원을 셰프라 부른다. 먹는 요리를 조리하듯 제품을 만들겠다는 의지다. 모든 제품에는 셰프의 자부심이 담긴 얼굴 스티커가 부착된다. 그동안 한국 러쉬 제품은 일본 키친에서 만들어져 수입되었으나, 일본 원자력 발전소 사고 이후에는 영국 키친으로 수입처를 변경하였다. 그러다가 한국 법인과 함께 한국 키친이 만들어져 유통기한이 짧은 일부 제품을 조리, 판매하고 있다. 그리고 포장 최소화를 위해 가급적 낱개 포장을 자제하고, 비누 같은 경우는

낱개 포장을 최소화하고 고객이 필요한 만큼 잘라서 파는
러쉬의 제품들.
출처: (위) flickr.com/photos/linda_lila

그 자리에서 필요한 양만큼 잘라 재생 종이에 말아 준다.

동물실험을 하지 않은 재료만을 사용하기 때문에 동물실험을 요구하는 중국시장을 포기했다. 일반 기업이라면 쉽게 내릴 수 없는 결정이다. 하지만 좋은 제품은 소비자들이 먼저 알아본다. 중국 소비자들이 러쉬 제품을 사기 위해 한국을 찾기 시작한 것이다. 그 덕에 러쉬 명동점은 세계에서 가장 매출이 높은 러쉬 매장으로 꼽힌다.

본사 정책에 의해 모든 국가의 러쉬 법인에서는 스타 마케팅이 금지되어 있다. 광고도 하지 않는다. 세일, 증정, 샘플 등 프로모션도 없다. 러쉬는 전통적인 마케팅 활동은 금지하고, 사회 운동에 집중한다. 이익보다 가치를 더 고집한다. 이 정도면 과연 기업이 유지되고 성장할 수 있을까 하는 염려까지 되지만, 러쉬는 2017년 4월 기준으로 49개국, 931개 매장으로 확장했다. 2016년 기준으로 전년보다 26% 성장한 약 1조 원의 연 매출을 올리고 있으며, 높은 수익성으로 대형 화장품 그룹들의 인수 러브콜을 계속해서 받고 있다. 하지만 더바디샵의 전례 때문인지 마크 콘스탄틴은 러쉬를 팔 마음이 없는 듯하다. 러쉬의 성공은 제품이나 마케팅 차별화가 아닌, '가치의 차별화' 덕분이다.

러쉬의 가치에 동참하는 팬들이 전 세계적으로 계속 늘고 있다. 한국에서는 이들을 '러쉬빠'라고 부른다. 환경보호자, 동물애호가, 채식주의자, 성소수자로 시작된 팬들은 러쉬 제품이라면 묻지도 따지지도 않고 산다. 캠페이너로 불리는 직원들 역시 러쉬의 광팬이다. 러쉬의 가치에 동의하지 않는 사람들은 아예 러쉬에 지원하지 않는다. 사회 문제에 적극적으로 나서는 러쉬의 모습은 과거 히피를 닮았다. 세상에는 사회적 문제를 외면하지 않고 적극적인 관심을 표현하는 현대판 히피들이 많다. 이들은 러쉬가 제안하는 가치와 라이프스타일에 자석처럼 끌린다. 라이프스타일 기업은 모든 소비자를 고객으로 만들려고 하지 않고, 적더라도 진정한 팬을 만든다.

건강을 파는 착한 기업, 홀푸드마켓(WFM)

2017년 6월, 역사적인 인수가 발표되었다. 세계 최대 온라인 쇼핑몰인 아마존이 미국 친환경 유기농 식료품점인 '홀푸드마켓Whole Foods Market'을 아마존 역대 최대 금액인 137억 달러(한화 15조 원)에 인수키로 한 것이다. 그런데 더 이례적인 것은 보통 인수 발표 후 인수한 기업의 주가는 자금 부담 때문에 떨어지기 마련인데, 오히려 아마존의 주가는 급등하여 아마존 기업가치 상승분이 홀푸드마켓 인수가격을 넘어선 것이다. 금융시장이 홀푸드마켓의 인수가 아마존의 미래에 큰 도움이 될 것이라고 인정한 것이다. 홀푸드마켓에는 어떤 매력이 있기에 이런 이변을 낳은 것일까?

1980년 미국 텍사스에서 시작한 홀푸드마켓은 아주 독특한 인사제도를 가지고 있다. 하나의 매장은 식료품, 건강식품, 베이커리, 어패류 등 8~10개의 팀으로 운영된다. 팀은 강력한 의사결정 권한을 가지는데, 이번 달에 어떤 물건을 팔지, 얼마에 팔지, 어디서 공급할지, 어떻게 홍보할지를 회사가 아닌 팀이 스스로 결정할 수 있다. 물론 결정한 상품은 본사의 철저한 품질

출처: (위) flickr.com/photos/vilavelosa, (아래) dlenglishdesign.com

출처: (위) flickr.com/photos/forever5yearsold, (아래) flickr.com/photos/30478819@N08

기준을 통과해야 한다. 그리고 한 달 후 팀 성과에 따라 자동으로 다음 달 보너스가 결정되는데, 특이한 것은 직원들이 다른 매장, 다른 팀의 목표와 성과, 보너스 금액까지 모두 시스템에서 조회할 수 있다는 점이다. 팀에 권한과 책임을 주고, 보상은 투명하게 결정하는 것이다.

팀 성과가 잘 나오기 위해서는 구성원과 팀워크가 매우 중요한데, 그래서 팀은 필요한 인재를 스스로 뽑고 결정할 수 있는 인사권도 가지고 있다. 신규 직원은 한 달간 팀에서 인턴으로 근무한 후 팀 구성원 3분의 2 이상의 동의를 얻어야만 정식 직원이 될 수 있다. 이런 채용 절차에는 인종, 학력의 차별이 없다. 그리고 모든 직원은 3년 정도 근무하면 스톡옵션을 받을 수 있는데, 스톡옵션을 받은 직원은 회사 주가가 상승하면 옵션을 행사해 급여 외 추가적인 보상을 얻게 된다. 놀라운 것은 직원들이 전체 스톡옵션의 94%를 가지고 있다는 점이다. 이것은 임원의 스톡옵션 비중이 70% 이상인 다른 미국 기업들과는 정반대이다. 그리고 모든 임직원, 특히 임원의 급여 상한을 두어 회사 평균 급여의 19배를 넘지 못하도록 규정했다. 이 역시 미국 상위 기업의 평균치인 400배와 비교하면 매우 낮은 수준이다. 봉사 활동을 위한 유급휴가를 제공하고, 기업의 중요한 의사결정은 전 임직원 투표를 통해 결정한다.

이런 제도들은 직원들이 불투명한 경영이나 보상에 대한 상대적 박탈감으로 사기가 떨어지는 일이 없게 하고, 회사가 성장하면 함께 보상을 받도록 설계된 것이다. 이것은 경영자의 직원에 대한 강한 믿음 없이는 불가능한 경영방식이다. 그 결과, 홀푸드마켓은 포춘지가 '세계에서 가장 일하기 좋은 100대 기업'을 발표한 첫 해부터 최근까지 19년 연속 선정되었다.

이런 혁신적인 경영 방법은 창업자 존 맥키(John Mackey)의 철학으로부터 고안된 것이다. 그는 상호 간의 신뢰를 바탕으로 한 공동체적 운명을 강조한다. 경영진이 직원을 신뢰해야 직원도 경영진을 신뢰하고, 고객 역시 회사와 직원을 신뢰할 수 있다고 믿는다. 직원이 행복하고 만족해야 고객도 행복하게 만들 수 있다. 이것은 창업 초기부터 그가 강하게 지켜온 신념이며, 그가 모든 권한을 위임해버린 무정부주의자로 불리는 이유이기도 하다.

노사 간 강력한 신뢰를 바탕으로, 홀푸드마켓은 믿을 수 있는 먹거리를 고객에게 제공한다. 친환경 유기농 식자재에 대한 기준을 엄격하게 적용하고 있는데, 수입산보다 지역 토산물을 우선적으로 취급하며, 인공 향료나 인공 색소, 첨가물이 포함된 식품은 취급하지 않는다. 도살과정도 검사해 잔인하게 도살된 고기는 공급받지 않는다. 멸종 위기의 생선도 취급하지 않는다. 닭장 안에서 낳은 달걀은 취급하지 않으며, 방사하여 기르는 닭이 낳은 계란만 취급한다. 이런 이유로 다른 식료품점에서는 팔 수 있는 일부 식재료들이 홀푸드마켓에서는 금지된다. 오염으로 인한 연어 피해나 오리농장의 열악한 환경을 알리는 안내센터도 매장 안에 설치해서 설령 상품이 팔리지 않더라도 정확한 정보를 고객에게 제공하고 있다. 농부에게는 유기농 재배법을 교육하거나 대출을 지원함으로써 식자재의 안전을 보장한다. 미국에서는 유일하게 매장에 자체 해산물 처리 시설을 설치하여 환경오염을 방지하고 있다.

한 번은 매장의 결제시스템이 중단되어 고객이 결제를 못하고 대기해야 하는 사태가 발생했다. 매장 책임자는 그 자리에서 고객이 선택한 식품을 무료로 가져가도록 결정했다. 시스템이 중단된 30분간 4천 달러의 손실이 발생했지만, 이 고객감동 스토리는 그 이상의 홍보 효과를 가져왔다. 홀푸드마켓은 매년 이익의 5%를 기부하고 있으며, 회사가 소비한 에너지만큼 풍력발전 같은 재생에너지를 구매해 주고 있다. 그 결과 2015년 '세계에서 가장 존경 받는 기업'으로 선정되었고, 아직 입점 안 된 지역의 고객들이 먼저 들어서길 요청하는 식료품점이 되었다.

홀푸드마켓은 2016년 기준, 미국, 캐나다, 영국에 456개의 매장을 운영 중이며, 매주 평균 8백만 명의 고객이 찾는다. 2016년에는 157억 달러(한화 17조 원)의 매출을 기록했고, 1992년 나스닥 상장 이후 주가도 크게 상승했다. 그에 따라 스톡옵션의 대부분을 가지고 있는 직원들이 성장의 혜택을 가장 크게 누렸다. 마케팅은 소셜 네트워크를 통한 고객과의 소통이 전부다. 가장 강력한 마케팅 수단인 고객과의 1대 1 의사소통을 통하여 고객의 요구와 라이프스타일을 이해하고 이를 매장 상품에 반영한다.

웰빙 라이프스타일을 가진 사람들의 가장 큰 관심은 믿고 먹을 수 있는 안전한 먹거리다. 최근 살충제 계란 파동에서 보듯, 한국에는 믿을 수 있는 식자재가 없는 형편이다. 안전 인증을 받았다는 곳에서 공급된 계란에서도 살충제 성분이 검출되어 충격이 더 컸다. 더구나 중국에서 수입되는 농수산물과 가공식품이 늘어남에 따라 식품 안전성에 대한 우려는 더 커지고 있다. 소비자는 어떻게 키워지고, 도살되는지 알 수가 없다. 그렇다고 소비자가 산지나 가공과정을 전부 확인할 수는 없는 노릇이다. 결국 안전한 먹거

세후 이익의 5%를 지역 비영리 기관에 기부한다는 홀푸드마켓의 메시지와 유기농(Organic) 표시의 제품들.
출처: (위) flickr.com/photos/henry, (중간) flickr.com/photos/149561324@N03, (아래) flickr.com/photos/30478819@N08

리를 찾는 소비자가 판단할 수 있는 유일한 기준은 기업이 주는 신뢰다. 얼마나 투명하고 믿을 수 있는 기업이 제공하는 먹거리인지 확인하는 것이다. 홀푸드마켓은 모든 면에서 고객에게 강력한 신뢰를 준다. 창업자의 철학, 기업의 목표와 경영방침, 인사제도와 경영 프로세스, 기업의 사회적 책임이 하나로 연결되어 신뢰 있는 웰빙 라이프스타일을 제안하고 있다. 홀푸드마켓은 건강을 생각하는 고객이라면 사랑할 수밖에 없는 착한 브랜드인 것이다.

프리미엄 한식 라이프스타일, 광주요

문화는 시간이 가면 저절로 발전하는 것이 아니라 거기에 몰두한 사람들에 의해 발전한다. 아무도 지키지 않는 문화는 결국 쇠퇴하고 사라지고 만다. 우리는 역사 교육을 통해 고려청자나 조선백자의 미적, 기술적 우수성에 대해 익히 들어 알고 있다. 그런데 우리 주변에서는 한국 도자기를 쉽게 찾아볼 수 없다. 대신 그 자리는 중국과 일본, 유럽의 그릇들이 차지하고 있다. 집에 고급 와인 잔은 있어도 자부심을 갖고 외국인들에게 자랑할 만한 우리의 그릇 하나 없는 것이 지금 실정이다.

일본은 임진왜란 전까지 자체 도자기 생산기술이 없어서 대나무 그릇에 밥을 먹고 차를 마셨다. 그들에게 한국과 중국의 도자기 문화는 동경하는 고급스러운 라이프스타일이었다. 그들은 임진왜란과 정유재란을 통해 한국의 도자기와 장인들을 본국으로 대거 이송했다. 일본의 도자기 문화는 임진왜란을 기점으로 급격하게 성장했다. 이것이 일본인들이 임진왜란을 도자기 전쟁이라 부르는 이유이다. 일본은 급기야 조선 후기에 기계로 만든 싸

구려 자기를 한국에 수출하기에 이른다. 이때부터 한국의 전통 도자기는 쇠퇴의 길을 걷기 시작한다.

게다가 일제강점기를 거치며 일본이 만든 주세법과 값싼 일본 누룩의 침투로 인해 지역 특색을 지닌 한국 전통주마저 하나둘씩 사라졌다. 세금까지 내려면 싼 일본 누룩을 선택할 수밖에 없었던 탓이다. 게다가 박정희 정권 때 쌀로 만드는 술 제조 금지 정책으로 인해 전통 증류주는 시장에서 아예 자취를 감추었다. 증류주란 술을 한 번 증류해 나온 김을 한 방울씩 모아 만든 고급술이다. 그래서 희석주에 비해 쌀이 많이 들어가지만 불순물과 알코올 내가 없고, 도수가 높아도 숙취가 적다. 서양의 위스키가 이런 증류주에 속한다. 새하얀 백자에서 찰랑이던 고급스런 전통 증류주는 똑같은 유리잔에 마시는 값싼 희석 소주로 바뀌었고, 은은한 청자로 즐기던 차 문화는 종이컵에 담긴 커피로 대체되었다. 해외에 내놓아도 손색없었을 전통 증류주의 맥은 그렇게 끊어져 버렸다.

한국의 고급 식문화를 복원하고 세계로 알리려는 기업이 광주요廣州窯다. 창업자 고故 조소수(1912-1988) 선생은 당시 한창이던 한일 무역업을 접고 도자기 연구에 뛰어들었다. 한국 전통 도자기를 재현하려는 목적으로 일본 도예를 익히고 한국으로 돌아와, 경기도 광주와 서울 대방동 가마 등에 있던 장인들을 불러 모아 1963년 경기도 이천에 광주요를 세웠다. 광주요는 광주관요에서 가져온 이름으로, 광주관요는 조선 왕실에 도자기를 납품하던 경기도 광주의 도자기 가마를 일컫는 말이다. 광주요를 통해 중국에서까지 명성을 떨쳤던 한국의 청자와 백자의 전통을 다시 살려내겠다는 의지였다. 광주요는 한국의 전통 도자기 제조 방식을 다시 찾아내고, 한국 고유의 도자기 디자인과 질감을 살려내려 노력했다.

결국 그는 전승 자기를 재현하는 데 성공한다. 당시 한국인은 외면했던 광주요의 한국 자기에 소득 수준이 오른 일본인들이 더 관심을 보였다. 조선생은 도쿄에 상설 전시장을 세우고, 죽기 직전까지 일본 각지에서 한국 도자기의 우수성을 알리는 279회의 전시회를 열었다. 그리고 1988년 전시회가 열리던 일본 시고쿠의 여관에서 숨을 거두었다.

가업은 막내아들인 조태권 대표가 이어받았다. 그는 부친의 라이프스타일 제안을 확장했다. 그는 우선 일본 수출 중심의 광주요 도자기를 한국인도 일상에서 사용할 수 있도록 노력했다. 1990년 무균열 분청사기 제조에 성공해 분청사기를 식기로 사용할 수 있도록 하였다. 청자에 백토분을 바른 다음 유약을 입혀 구워야 하는 분청사기 표면에는 통상 균열이 생겼다. 이 균열에 음식물이나 찻물이 들어 분청사기는 식기나 다기로 사용하지 못했다. 광주요는 이를 해결하였고, 아름다운 분청사기 식기는 한국과 광주요를 대표하는 도자기가 되었다.

예난에 넣어 1년에 한두 번 내어 쓰던 고급 자기를 모던라인, 캐주얼라인 등으로 확장하여 젊은이들도 부담 없이 쓸 수 있는 감각적인 생활 도자기를 선보였다. 또한 국내, 해외의 아티스트들과의 콜라보를 통해 전통 자기를 세계적으로 알리고 더욱 발전시키는 데도 기여하고 있다. 하나의 작품으로도 손색없는 광주요의 도자기는 청와대에서도 사용하는 것으로 유명하다.

무균열 분청사기 기술이 적용된 광주요의 대표 제품인 분청 목부용문

세계적인 스위스 조각가인 알베르토 자코메티(Alberto Giacometti)와 콜라보로 탄생한 광주요 제품

그는 제안을 한국 전통 도자기로 한정하지 않고 한식 문화 전체로 확장하고 있다. 특히 근현대 사회를 거치며 사라져버린 한국의 고급 식문화를 현대적으로 다시 해석하여 발전시키고, 세계로 알리는 것을 인생의 사명으로 삼고 있다. 그것이 한국 도자기를 비롯하여 한국의 전통 문화가 발전하고 우리나라가 문화강국으로 발돋움할 수 있는 길이라는 것이 그의 믿음이다. 한국은 값싼 대중 식문화는 발달한 반면에, 상대적으로 세계적으로 자랑할 수 있는 고급 한식 문화가 부재하다. 일본의 스시처럼 세계인이 한국 하면 떠올릴 수 있는 대표적인 고급 한식을 만드는 것이 그의 꿈이다.

이런 그의 철학에서 탄생한 것이 고급 전통 증류 소주인 '화요'다. 화요火堯는 소주의 '소燒'자를 파자해서 만든 이름으로 불로 만든 귀한 술이라는 뜻이다. 국산 쌀과 천연 암반수, 자체 배양한 천연 누룩으로 두 번 발효하고, 압력을 낮춰 40도에서 끓여 증류한다. 이렇게 감압증류를 하면 고온에서 증류할 때 나는 탄내와 쓴맛이 사라진다. 이 증류액을 광주요의 전통 옹기에 3개월 이상 숙성시키면 화요가 탄생한다. 화요는 어떤 첨가물도 넣지 않은 싱글몰트 증류주로, 다른 전통주에 비해 깔끔하고 세련된 맛이 특징이다. 술병 디자인도 국보 제113호인 고려청자 통 모양 병을 모티브로 했다.

광주요는 화요를 아름다운 병과 잔에 담아 마실 수 있도록 다양한 도자기 제품도 함께 제공하고 있다. 그 예로 국보 제92호인 고려 청동 정병의 유려한 곡선을 본 따 만든 술병과 가야 토기에서 힌트를 얻어 잔을 모두 비우고 흔들어 소리를 내는 방울잔, 와인 잔처럼 잔을 부딪칠 때 소리가 아름다운 소리잔, 잔에 술이 어느 정도 차면 밑으로 빠지는 계영배 등이 있다. 화요

국보 제113호인 고려청자 버드나무 정병을 모티브로 현대적으로 디자인한 감압증류 소주인 화요

는 10년간의 끈질긴 투자 끝에 2015년에 매출 109억 원과 흑자를 달성하며 손꼽히는 고급 한국 전통주로 자리잡았다.

광주요의 또 하나의 확장된 제안은 한식이다. 한 나라의 전통 식당은 그 나라의 의식주 문화를 총체적으로 보여준다. 조대표는 '가온'과 '비채나'라는 한식 레스토랑을 통해 한국의 고급 문화를 선보이고 있다. 2016년 한국 최초로 실시된 세계적인 미식 평가지인 〈미쉐린 가이드 서울편〉에서 가온은 별 3개, 비채나는 별 1개라는 영예를 안았다. 서울에서 별 3개를 받은 곳은 가온과 신라호텔 라연, 2곳뿐이다. 미쉐린 가이드 별 3개의 의미는 '요리가 매우 훌륭하여 맛을 보기 위해 여행을 떠날 가치가 있는 식당'이라는 굉장한 찬사이다.

이런 결과는 어느 날 갑자기 이뤄진 것이 아니었다. 그는 한식의 고급화와 세계화에 600억 원 이상을 투자했을 정도로 그간 많은 노력을 기울여 왔다. 1998년부터 성북동 자택에서 한 달에 한두 번씩 저명인사를 초청해 자체 개발한 고급 한식을 대접하기 시작했고, 이 수가 600명을 넘었나. 광주요의 최고급 식기에 코스 방식으로 조금씩 요리를 내는 그의 방식에 비난과 비판도 많았다. 왜 한상차림이 아닌 코스냐, 양이 적다, 퓨전 한식이어도 되느냐, 그릇이 너무 고급스럽다 등 부정적인 의견들이 나왔다. 하지만 횟수가 반복되면서 요리도 개선되고 사람들의 인식도 바뀌었다.

이 경험을 바탕으로 그는 2003년 청담동에 가온을 오픈했다. 가온은 '가운데'를 의미하는 순우리말로 고급 한식 문화의 중심에 서겠다는 의미를 담

고급 한식의 세계화 일환으로 2007년 캘리포니아 나파 밸리에서 조대표가 개최한 고급 한식 만찬

고 있다. 가온도 처음에는 비싸다, 싱겁다, 전통 한식이 아니다라는 비판에 시달렸다. 하지만 그는 조미료보다 최고급 재료 본연의 맛을 살린 새로운 고급 한식이 언젠가는 세계 시장에도 통할 것이라 믿었다. 가온은 자리를 잡아갈 무렵인 2007년에 부동산 문제로 문을 닫았다가 2014년에야 신사동에 다시 문을 열었다. 그 사이에도 조대표의 한식 만찬과 공부는 계속 이어졌다.

그는 한식 세계화에도 많은 노력을 기울였다. 그 대표적인 예가 2007년 와인과 미식 문화의 집산지인 캘리포니아 나파 밸리Napa Valley에서 열린 만찬이다. 미국 와인업계 대표들과 음식 전문가, 저널리스트 60명을 초청하여 광주요의 식기와 가온의 한식 코스, 그리고 화요를 선보인 것이다. 음악과

미쉐린 미식 가이드의 최고 평가인 3스타를 받은 한식당 가온 내부와 광주요 고급 식기에 담긴 요리들

인테리어, 의상, 서비스까지 고급 한식 문화를 보여줄 수 있도록 세심하게 설계했다. 각 코스 요리에 맞춰 식기도 새로 디자인하고 제작했을 정도로 정성을 기울였다. 이때 화요는 방울잔에 대접했다. 요리마다 서양인들의 칭찬이 끊이지 않았고 다음날 몇 개 신문에 대서특필되었다. 이 만찬을 준비하는 데만 2년이 걸렸고, 이때 들어간 비용만 해도 1억 6천만 원 정도다. 조대표는 외국인을 대상으로 이런 한식 만찬을 기회가 날 때마다 열면서 건강하고 아름다운 프리미엄 한식 라이프스타일을 전파했다.

2012년 한남동에서 시작해 2017년 롯데월드타워 81층으로 이전한 비채나는 '비우고, 채우고, 나누다'라는 의미의 순우리말로, 공간과 직원 옷차림, 음식 등 의식주 모두에서 현대적으로 해석된 한국을 느낄 수 있도록 설계되었다. 음식은 한식 전통에 따라 10년 넘게 간수를 빼낸 국내산 천일염으로 간을 내고, 홍시로 단맛을 낸다. 철 따라 직접 나물을 말리고, 엄선한 국내산 재료들로 셰프가 직접 담근 장과 김치만을 사용한다. 비채나는 궁중요리부터 향토음식까지 한국의 전통 음식들을 전통 그대로 살려내는 역할을 담당하고 있다.

조대표는 그의 책《조태권의 문화보국》을 통해 "문화란 이 땅의 후손들이 누리며 살아가고, 다시 그 후손에게 물려줘야 할 보물이다. 그것이 문화보국의 의미이다"라고 밝혔다. 광주요는 고급 한식 문화라는 가치를 대를 이어 지켜오며 발전시키고 있다. 식기, 음식, 술을 통합해 고급스럽고 건강한 식문화 라이프스타일을 제안하고 있는 것이다. 가치를 지키는 일은 단기

롯데월드타워 81층
전망이 일품인
미쉐린 가이드 1스타 한식당
비채나 내부와 정갈한 비채나 요리

적으로는 손실로 보일 수 있지만 그것을 고집스럽게 지켜가면 하나의 문화가 되고, 매력적인 라이프스타일 제안이 된다는 것을 광주요는 50년 역사를 통해 보여주고 있다.

| 6장 |

개성 넘치는 소규모 라이프스타일 샵

• Lifestyle •

라이프스타일 기업처럼 하나의 커다란 라이프스타일을 제안하는 브랜드도 있지만, 개인의 가치와 개성이 드러나는 소규모 라이프스타일 샵들도 많이 존재한다. 특히 선진국 대도시를 중심으로 라이프스타일 샵이나 퍼스널 브랜드 매장들이 늘고 있다.

자신의 인생 키워드를 발견하고 그것을 자신의 라이프스타일 비즈니스로 만든 사례는 우리에게 많은 깨달음과 용기를 준다. 기본적으로 라이프스타일 비즈니스는 선호고객과 비선호고객을 구분 짓는다. 같은 라이프스타일을 추구하는 사람은 열렬한 팬이 되지만, 추구하는 라이프스타일이 다른 이들에게는 납득하기 어려운 무모한 행동처럼 보이기도 한다. 따라서 개인의 라이프스타일 비즈니스 창업은 스스로에 대한 확신과 의심 사이의 싸움이다. 이런 비난과 의심을 이겨내고 퍼스널 라이프스타일 브랜드를 창조하는 사람들이 우리 주변에서 점점 늘어나고 있다.

• Business •

㉖ 일본 도쿄의 모리오카 서점, 니콜라이 버그만 스토어

모리오카 서점

도쿄 긴자의 뒷골목에는 독특한 샵이 있다. 간판도 없이 매장이 통 유리로 되어 있어 안이 훤히 들여다보인다. 5평짜리 작은 공간에는 가운데 진열 테이블과 안쪽 카운터 서랍 가구가 전부다.

창업자 요시유키 모리오카는 책을 좋아한다. 특히 사진집을 좋아해 사진집이 많은 진보초 고서점을 자주 들르다가 우연히 그곳에서 일을 구해 8년간 직원으로 일했다. 그 후 직접 서점을 열어 10년 동안 운영하였다. 거기에서 한 권의 책 때문에도 많은 사람들이 서점을 찾는다는 것을 발견했다. 여기서 아이디어를 얻어 단 한 권의 책만 파는 모리오카 서점을 열었다.

책은 모리오카가 직접 선정하며, 일주일에 한 번씩 바뀐다. 진열 테이블에는 금주의 책을 두고, 벽에는 책과 관련된 그림을 건다. 테이블의 남는 공간과 카운터에는 책과 관련된 물건들을 진열한다. 이 역시 모리오카가 직접

MORIOKA SHOTEN & CO., LTD.
A SINGLE ROOM WITH A SINGLE BOOK
SUZUKI BUILDING, 1-28-15 GINZA,
CHUO-KU, TOKYO, JAPAN

한 권의 책과 그와 관련한 물건을 함께 파는 모리오카 서점.
출처: 한별(blog.naver.com/onesweetstar),
한일그림책교류회(blog.naver.com/bookjakbookjak5),
Q빈(blog.naver.com/hgb925)

고른 것들이다. 꽃 사진집을 팔 때는 꽃을 진열하고, 고양이와 관련한 책을 선정하면 고양이 소품들로 공간을 채운다. 어찌 보면 츠타야 서점의 판매대 하나를 5평으로 확장해 놓은 모습이다. 모리오카는 고객이 마치 책 속으로 들어온 듯한 느낌을 받게 하고 싶다고 말한다.

전 세계로 독특한 서점이라는 입소문이 나면서 손님이 꽤 늘었다. 자신의 페이스북에도 콘텐츠를 올려 홍보한다. 한 주에 책 100권 정도를 팔고, 함께 진열된 그림과 물건들도 판다. 저자와의 대화나 독자 낭독회 등 이벤트도 연다. 이를 통해 독자는 책에 대한 더 많은 이해를 얻게 된다.

이 공간의 경쟁력은 주인의 큐레이션 역량에 달렸다. 이 공간은 책이라는 테마를 중심으로 자신의 철학과 가치관을 담아낸다. 그리고 고객에게 "이런 생각은 어때요"라고 제안한다. 《이상한 나라의 앨리스》라는 책을 선정했다면 당신은 어떤 제안을 하겠는가? 흥미 위주의 장난감들로 진열할 수도 있을 테지만, 수학자며 사진작가였던 저자 루이스 캐럴Lewis Carroll의 인생과 그가 소설 속에 숨겨 놓은 수학적, 논리적 은유를 해석한 다양한 콘텐츠를 소개할 수도 있겠다. 이것은 각자의 경험과 지식에 따라 다를 것이다. 주인의 제안이 마음에 든다면 구매로 연결될 것이다. 재방문이 늘고 만족이 반복되면 고객은 이 서점의 팬이 된다. 반대로 호기심에 들어왔다가 "별 것 없네"라며 발걸음을 돌릴 수도 있을 것이다. 주인의 제안이 더 많은 고객에게 수용될수록 공간의 가치는 올라간다.

니콜라이 버그만 스토어

일본도 북유럽 라이프스타일 유행에 따라 식물과 가드닝에 대한 관심이 높아졌다. 화초를 좋아하는 일본의 문화적 특성과도 맞아 떨어졌다. 그래서 대형 라이프스타일 샵에는 가드닝 섹션이 따로 마련되어 있거나 화초들이 다른 물건과 함께 진열되기도 한다. 아예 화초를 주제로 한 소규모 독립 라이프스타일 샵들도 나타나고 있다. 도쿄 미나미 아오야마에 있는 '니콜라이 버그만 플래그십 스토어 노무Nicolai Bergmann Flagship Store NOMU'도 그런 형태다.

마치 작은 식물원 같은 이곳은 소위 플라워 카페라고 불리는 곳으로, 매장으로 들어서는 입구부터 나무와 화초들이 무성해 마치 숲에 온 듯한 편안함을 주는 공간이다. 이곳의 주인인 니콜라이 버그만은 일본에서 활동하는 덴마크 출신 플로리스트다. 휘게, 킨포크 라이프스타일과 함께 덴마크라는 국가 브랜드의 인기가 올라가고 있는데다가, 일본에서는 보기 드문 덴마크 사람이 만드는 북유럽 꽃장식은 인기를 끌 만하다.

1층 카페테리아에 들어서면 제일 먼저 꽃 향기가 온몸의 감각을 깨운다. 천정까지 공간을 가득 채운 형형색색의 화초들에 감탄사가 절로 나온다. 계절마다 바뀌는 고급스러운 꽃 장식들은 니콜라이가 직접 디자인한 것들이다. 테이블도 유리함으로 만들어 안쪽에 초록이끼와 작은 꽃들로 채웠다. 이 꽃들은 6개월 정도 유지된다는 프리저브드Preserved 플라워다. 이곳에서는 커피와 간단한 식사도 가능한데, 디저트나 브런치도 허브와 식용 꽃으로 장

플라워 라이프스타일을 제안하는 니콜라이 버그만 스토어 NOMU.
출처: 로즈제이(blog.naver.com/rosej1210)

식해 시각과 미각을 동시에 자극한다. 여름에는 플라워 빙수도 판매한다.

1층 카페의 나머지 공간에서는 그의 꽃 작품들을 전시하고 판매한다. 한 송이, 한 송이 정성껏 고르고 다듬은 것 같은 아름다운 꽃장식은 방문자의 눈과 코를 즐겁게 한다. 선물용 프리저브드 꽃 상자도 인기다. 꽃을 사기 힘든 여행객을 위해 플라워 사진집과 노트도 판매하고 있다. 카페와 판매점을 함께 두는 공간 구조는 츠타야 서점이 시도하면서 일본에서 인기를 끌고 있는 형태다. 이런 구조는 라이프스타일을 다양하게 제안한다는 목적도 있지만, 고객을 공간에 오랫동안 머물게 하는 효과도 있다. 일반 매장은 고객이 구매 목적으로 방문했다가 목적을 달성하면 빠져나가 버린다. 목적 중심의 매장 인테리어는 라이프스타일 샵에는 적합하지 않다. 고객이 공간에서 시간을 들여 둘러보고, 상상하고, 꿈꾸게 하는 구조가 바람직하다. 이것이 카페처럼 시간을 두고 머무는 공간이 라이프스타일 샵에 자주 적용되는 이유다. 고객의 매장 체류시간이 길어질수록 판매 확률이 높아진다는 연구 결과도 있다.

2층은 니콜라이의 플라워 스쿨을 위한 공간이다. 초보자부터 중급자 강의, 간단한 팝 워크숍까지 다양한 클래스가 운영된다. 직접 꽃을 자르고 다듬으면서 버그만식의 장식품을 만들어 볼 수 있다.

이곳은 실로 오감이 만족되는 공간이다. 어느 하나 버그만과 꽃으로 연결되지 않은 것이 없다. 이곳 때문에 도쿄를 다시 가고 싶다는 외국인들도 많다. 주말에 자리를 잡으려면 족히 한 시간은 대기해야 할 만큼 인기다. 그의 이름은 확실한 퍼스널 브랜드로 자리매김했다. 인기가 많아져 지금은 일본에 10개 매장을 내고, 포시즌 호텔과 연계해 한국에도 매장을 열었다.

니콜라이 버그만은 자신의 가치를 플로리스트라는 직업으로 한정하지 않고, 라이프스타일 제안으로 확장했다. 직업으로만 한정했다면 도쿄 한편에 꽃집 주인으로 만족했을 수 있다. 하지만 그의 제안은 작품, 책, 음식에서 가드닝 가위 등 잡화로까지 확장되고 있고, 오프라인 매장, 카페, 학원, 온라인 판매 등으로 고객 접점도 늘려가고 있다.

㉗ 홍콩의 쿠오레 프라이빗 키친, 합 모요 (合 MOYO)

쿠오레 프라이빗 키친

선진국을 중심으로 프라이빗 식당이 늘고 있다. 프라이빗 식당이란 소수를 위한 특별한 요리를 제공하는 곳이다. 식당을 단지 허기를 달래는 목적이 아닌 좋은 추억을 남기는 장소로 재포지셔닝한 곳이다. 홍콩 남구에 위치한 '쿠오레 프라이빗 키친 Cuore Private Kitchen'은 이탈리안 셰프인 안드레아 오셰티 Andrea Oschetti가 자신의 '다락방 Loft' 공간에 문을 연 프라이빗 레스토랑이다.

그는 여행을 좋아한다. 그래서 1년의 절반은 세계 요리 여행을 떠난다. 그곳에서 흥미로운 스토리가 담긴 요리를 가져와 자신의 스타일로 만들어 선보인다. 그리고 여행지의 스토리가 담긴 물건들도 함께 가져와 이곳에 진열한다. 다락방이라고 표현하는 70평의 공간은 식당이 아닌 큰 거실처럼 느껴진다. 식당의 두 벽면은 창문으로 되어 있어 트인 느낌을 준다. 한쪽 벽에는 책장과 아프리카 조각상들이 위치해 있고, 또 다른 면에는 개방형 주방

(위) 쿠오레프라이빗키친 내부 전경과 (아래) 영화 〈아멜리에〉 관람 중 시각장애인과의 산책 장면 후 요리.
출처: 쿠오레프라이빗키친 홈페이지(cuoreprivatechef.com)

이 있다. 중앙의 긴 목재 테이블에는 촛불과 화초들이 놓여 있다. 넓은 공간이지만 아늑하고 편안한 분위기를 낸다.

이곳은 하룻밤에 최소 10명에서 40명까지 한 팀의 손님만 받으며 1년 중 6개월, 한 주에 3일만 운영한다. 따라서 반드시 사전 예약이 필요하다. 식재료는 이탈리아에서 공수한 최고급 재료만을 사용하며, 하루에 보통 4가지 코스 요리를 제공한다. 인당 가격은 780홍콩 달러(한화 약 11만 원) 정도로 싸다고 볼 수 없지만, 개인이나 회사의 특별한 기념일이나 평생 잊지 못할 추억을 산다고 생각하면 그리 큰 금액은 아니다. 여기까지만 보면 여느 프라이빗 식당과 크게 다를 것이 없어 보인다.

그는 비정기적으로 아이디어를 내어 이벤트를 연다. '얌 얌 무비'라는 이벤트에서는 현대판 〈로미오와 줄리엣〉 영화를 관람하면서 스토리에 맞춘 4개의 요리를 즐길 수 있게 했다. 주유소에서 벌어지는 두 집안의 총격전 다음에, 뚜껑을 열면 하얀 연기와 탄내가 확 올라오는 구운 낙지 요리를 내놓았다. 〈아멜리에〉라는 영화에서는 주인공 아멜리에가 시각장애인과 파리를 산책하는 장면 다음에 손님들이 안대를 쓰고 4개 스푼에 담긴 4가지 맛을 음미하도록 했다. 이때는 특별히 파리 느낌을 살리기 위해 프랑스 셰프를 초청했다.

'자유'를 주제로 한 무용극에서는 그에 맞게 와인과 코스 요리로 이벤트를 열기도 했고, 바이올리니스트 이예별을 초청해 격분의 연주 뒤에 매운 요리를 내놓기도 했다. 미술전의 개막 이벤트를 담당했을 때에는 전시회 주제에 맞는 코스 요리를 선보였다.

그는 예술과 요리를 연결하여 새로운 경험을 선사한다. 미각에만 머무르지 않고 우리의 오감을 자극하여 새로운 상상을 일으킨다. 그가 만약 70평의 공간에 평범한 이탈리안 레스토랑을 열었다면 1년에 6개월을 여행하며 다닐 수 있었을까? 그는 여행, 예술, 요리연구라는 자신만의 라이프스타일을 다락방이라는 공간을 통해 팔고 있는 것이다. 2016년에는 라이프스타일 제안을 확장하여, 다락방에서 진행하는 〈마스터 클래스〉라는 요리 강좌를 시작했다. 저녁 8시부터 2시간 반씩 5일 동안 진행되는 프로그램으로, 참여 가격은 9,800홍콩 달러(한화 약 134만 원)다.

합 모요(合 MOYO)

이탈리아에서 식당을 운영하는 부모를 둔 프란체스코 리 Francesco Lee 는 이탈리아에서 태어나고 자란 한국인 청년이다. 한국, 이탈리아, 식당, 이 세 가지가 그의 삶을 대표하는 키워드다. 그는 이탈리아 밀라노에서 한국인 둘을 만나 친구가 되었는데, 그중 잭 리 Jack Lee 는 한국에서 조리전문고등학교를 졸업하고 이탈리아로 요리 유학을 온 친구였다. 프란체스코는 그들과 의기투합하여 한식에 이탈리아 문화를 접목한 퓨전 한식당을 내기로 결심한다. 그들이 식당을 낼 곳으로 정한 곳은 이탈리아도, 한국도 아닌 홍콩이었다. 홍콩은 동양문화와 서양문화가 혼합되어 있는 도시로, 퓨전 한식을 선보이기에 가장 적합한 곳이라는 생각이었다. 그는 홍콩에 사는 이모님의 도움을 받아 홍콩 소호의 작은 골목에 '合 MOYO'라는 작은 식당을 열었다.

(왼쪽) 합 모요 외관 (오른쪽) 한국적 패턴을 넣어 그린 모요리자와 모요의 퓨전 요리들
출처: 허버(blog.naver.com/8516666), Kelly(blog.naver.com/ilchihilo)

합合은 집 모양을 상징하는 동시에 '모이다'라는 의미를 가진 한자이다. 모요MOYO는 '모여!'라는 한국어를 영어로 발음하기 쉽게 바꾼 것이다. 한마디로 '다 모여라, 즐겁게 놀자'라는 의미를 한국어, 중국어, 영어를 절묘하게 섞어 만든 이름이다. 이 식당 안쪽 벽에는 커다란 황진이 그림이 있다. 프란체스코가 황진이 사진을 빔 프로젝터로 벽에 쏴서 대고 그린 그림이다. 한국적인 패턴을 넣어 그린 흑백화인데, 지금은 모요의 상징이 된 이 여인상에는 '모요리자'라는 이름을 붙였다. 모나리자를 패러디한 이름으로 동양과 서양의 만남을 상징한다.

이곳의 요리들을 보면 더욱 놀랍다. 바게트 빵 위에 김치와 토마토를 올린 브루스케타, 이탈리안 치즈와 무화과로 만든 샐러드, 피넛버터와 된장으로 볶은 양배추, 막걸리 조개 수프, 된장 양념이 올려진 브라운 보쌈, 스페인 고추와 새우젓 튀김. 이름만으로는 맛과 모양을 상상할 수 없는 퓨전 요리들을 선보인다. 요리 자체도 이탈리아와 한국의 만남이다. 이 요리들은 모두 셰프 잭이 담당한다. 모요 요리의 핵심 재료인 김치는 그가 집에서 손수 담근 것을 쓴다.

모요는 오픈한 지 한 달 만에 '홍콩의 뜨는 맛집 10'에 들었다. 건강한 한식당으로 소문이 나면서 홍콩 매거진들에 소개되기도 했다. 현지인에게 인기를 끌자 해외 관광객들까지도 찾기 시작했다. 지금은 세계 요리의 전쟁터인 홍콩에서 다섯 손가락 안에 드는 한식당으로 꼽힌다.

그들은 여기서 멈추지 않고, 한국과 이탈리아 요리의 결합이라는 독특한 제안을 계속 확장하고 있다. 처음 오픈할 때는 주류 판매 라이선스가 없었다. 그러나 라이선스를 받은 후 복분자, 소주, 망고스틴 주스, 산딸기를 결합한 칵테일을 선보이는가 하면, 프란체스코는 이탈리아를 오가며 와인을, 잭은 다양한 한국 전통 증류주를 직접 공수해 오고 있다. 이어서 한식 도시락을 판매하기 시작했고, 요청을 받아 시작한 케이터링 서비스도 사업에 추가했다.

한국, 이탈리아, 요리. 이 세 단어는 처음 식당을 시작한 세 사람이 가진 공통된 키워드이자, 라이프스타일이다. 음식을 통한 한국과 이탈리아 문화의 결합은 그들이 일관되게 추구하는 가치이며, 계속해서 확장되고 있는 현재진행형이다. 모요는 홍콩에 거주하는 한국인들과 한국 관광객들도 많이 찾지만, 서양인과 홍콩 현지인들도 많이 찾아온다. 동서양 모두가 그들의 제안을 호기심과 감탄으로 기꺼이 받아들인다. 이곳을 찾은 한국 관광객들조차 "새우젓을 튀기다니"라며 한국에 살면서도 먹어본 적 없는 한식요리에 감탄한다. 또한 서양 사람들에게는 건강한 한식이라며 칭찬을 받는다. '동서양의 만남'이라는 그들의 제안은 동서양 모두에게 환영받으며 팬을 차근차근 늘려가는 중이다.

28 미국, 귀네스 팰트로의 굽(goop)

영화배우로 잘 알려진 귀네스 팰트로 Gwyneth Paltrow는 가수, 작가, 요리사이자 '굽goop'의 경영자로 바쁜 생활을 보내고 있다. 그녀는 소위 말하는 금수저 연예인이다. 엄마 블라이드 대너 Blythe Danner가 배우이고, 영화감독 스티븐 스필버그를 대부로 둔 덕에, 19세라는 이른 나이에 영화로 데뷔했다. 26세에 아카데미 여우주연상을 수상했고, 많은 영화의 주연을 맡았다. 브래드 피트 Brad Pitt와 벤 애플렉 Ben Affleck이 그녀의 연인이었고, 31살에 그룹 콜드플레이 Coldplay의 보컬, 크리스 마틴 Chris Martin과 결혼해 아이 둘을 낳고 10년 만에 이혼했다. 2017년에는 미국 드라마 〈글리〉Glee의 제작자인 브래드 팔척 Brad Falchuck과 약혼했다. 마돈나와 비욘세와도 절친이다.

그녀는 어릴 때부터 호화스런 생활에 익숙해져 있었다. 저소득층에 식량을 지원하는 모금 운동인 〈29달러로 일주일 살기〉에 도전했다가, 아보카도 등 비싼 식재료만 사는 바람에 나흘 만에 돈을 다 써 버렸다. 이 도전에 실패한 직후 인당 9만 원씩 하는 레스토랑에서 식사하는 모습이 포착되어 기사

(위) 마이애미 디자인 디스트릭트의 굽 매장
(아래) 현재 goop MRKT 매장으로 사용되고 있는 프랭크 로이드 라이트가 디자인한 샌프란시스코 건물
출처: Wikimedia Commons, flickr.com/photos/southbeachcars

화되기도 했다. 그녀는 이렇게 말한다. "나는 나에요. 내가 1년에 2만 5천 달러 버는 사람인 척 할 수는 없잖아요." 알려진 그녀의 재산만해도 약 6천만 달러(한화 650억 원) 정도 된다.

상류사회의 화려한 삶은 비난과 질투도 받지만 계층 상승을 꿈꾸는 많은 사람들에게는 동경의 대상이다. 그녀와 비슷한 경제 수준을 가진 사람들에게는 참고할 만한 정보의 원천이기도 하다. 채식주의자이기도 한 그녀는 유기농 식단, 디톡스 주스와 같은 요리법으로 몇 권의 책을 낸 요리 전문가이기도 하다. 그녀의 요리책《귀네스 팰트로의 자연주의 식탁》My Father's Daughter 은 뉴욕타임즈 베스트셀러에 7주 동안 오르기도 했다. 또한 그녀는 그녀의 럭셔리 라이프스타일을 지원하는 많은 뷰티, 여행, 패션 전문가들을 가까운 지인으로 두고 있다. 그녀는 이런 자신의 라이프스타일을 하나의 브랜드로 만들었다. 그것이 '굽'이다.

굽은 2008년, 그녀가 지인들에게 보내는 주간 뉴스레터에서 시작되었다. 지인들이 묻는 "파리의 그저 그런 레스토랑 말고, 진짜 제가 갈 만한 곳 좀 추천해 주세요", "유기농 와인이 있는 괜찮은 바는 어디에요?", "파리에서 비키니 왁싱을 받으려면 어디로 가야 하죠?" 같은 질문에 답해주기 위해서였다. 2010년에는 산타모니카에 사무실을 얻고 블로그와 매거진 형태로 정보를 확대해 제공하기 시작했다. 그녀는 여기에서 귀네스가 만든 디톡스 주스 제조법, 귀네스가 가본 여행지 추천 호텔과 맛집, 귀네스가 추천하는 남자친구 선물 아이템에서부터 자신의 사생활이나 굽의 경영계획까지 자신의 모든 것을 다뤘다. 그녀의 신념과 가치관, 생활방식이 굽을 통해 고스란히 전달되었다. 그녀의 라이프스타일은 '굽 라이프'로 불리기도 한다.

굽은 이후 귀네스 팰트로가 선정한 물건들을 팔거나, 굽의 상표를 단 제품들을 만들어 팔기 시작했다. 유기농 화장품 브랜드인 주스 뷰티Juice Beauty 와 함께 78가지의 기초색조 제품으로 구성된 친환경 유기농 화장품 라인을 개발했다. 스텔라 매카트니Stella McCartney나 스티븐 알란Steven Alan 같은 유명 디자이너나 패션 브랜드와 협업하여 옷, 가방, 액세서리도 제작했다. 비틀즈의 멤버인 폴 매카트니의 딸로도 유명한 스텔라 매카트니가 디자인한 파인애플 모양 열쇠고리는 250달러에 팔린다. 또 비타민 프로그램이나 향수 라인도 운영 중이다. 3천 달러짜리 램프나 거울, 3백 달러짜리 비엔나산 병따개 같은 초고가의 물건이나, 여성의 질 안에 넣고 자는 '옥 계란', 굽에서 판매하는 '달가루Moon Dust'를 넣어 만드는 아침 스무디 제조법 등은 언론의 조롱을 사기도 했다. 하지만 놀랍게도 옥 계란은 품절 사태가 났었다.

그녀는 오프라인까지 제안을 확장해, 자신이 선택한 브랜드의 제품을 모아 LA에 팝업 스토어를 열었다. 그리고 샌프란시스코 메이든 레인에도 'goop MRKT' 매장을 오픈했다. 그녀는 뉴욕 구겐하임 미술관을 디자인한 세계적인 건축가 프랭크 로이드 라이트Frank Lloyd Wright가 설계한 유명한 건물을 굽의 첫 매장으로 선택했다. 귀네스가 유명 건축가들과 리뉴얼한 굽의 산타모니카 본사가 얼마나 굽스러울지는 설명하지 않아도 상상할 수 있다.

굽은 귀네스 팰트로의 럭셔리 웰빙 라이프스타일이 그대로 투영된 브랜드다. 굽이 제안하는 모든 것은 귀네스 팰트로라는 채로 걸러져 굽스러움을 만든다. 한 사람의 삶 자체가 상품이 되어 팔리는 것이다. 굽은 모든 사람들을 위한 제안이 아니라, 귀네스와 같은 삶을 꿈꾸는 사람들에게 라이프스타일을 파는 곳이다. 그런 사람들이 수많은 정보 속에서 헤매거나, 정보가 없어 당황하지 않도록 길잡이 역할을 해주는 것이다.

귀네스 팰트로 이후 유명인들이 자신의 라이프스타일 브랜드를 만드는 것이 트렌드가 되었다. 영화 〈금발은 너무해〉의 리즈 위더스푼Reese Witherspoon도 자신의 할머니의 이름을 딴 '드레이퍼 제임스Draper James'라는 미국 남부 내쉬빌 라이프스타일 브랜드를 시작했다. 미국 최대 토크쇼인 〈엘런쇼〉의 엘런 디제너러스Ellen DeGeneres도 자신의 라이프스타일 브랜드 이디E.D.를 내놓으며 팬들을 모으는 중이다. 어니스트Honest 컴퍼니를 운영하는 제시카 알바도 같은 사례이다.

이미 많은 팬들을 거느리고 있는 스타 연예인들이 자신의 라이프스타일 브랜드를 만드는 것은 일반인에 비해 더 쉽다. 하지만 단순히 자신의 이름만 빌려준 브랜드나 사진모델만 되어준 패션 샵이라면 거기에서는 이들의 삶의 방식을 찾을 수 없다. 자신의 실제 삶의 방식, 가치관, 취향이 브랜드에 담겨야만 팬들도 의미와 가치를 얻게 된다. 이것은 퍼스널 라이프스타일 브랜드를 시작하려는 일반인에게도 적용된다.

독일 베를린의 프린세스가든(Prinzessinnengärten)

독일 베를린이 과거 회색의 이미지를 버리고 새롭게 태어나고 있다. 도시 곳곳에서 창작이 피어나고 회색 도시에 색점을 찍듯 독립 상점들이 문을 열면서, 이젠 유럽의 아티스트들이 가장 살고 싶은 도시로 꼽을 정도가 되었다. 이 중 베를린 도심에 녹색 공간을 만드는 이색적인 시도가 있었다. 마르크트플라츠Marktplatz 역을 나오면 도심 속에 갑자기 숲이 나타난다. 이곳이 바로 공주 정원이라는 뜻의 프린세스가든Prinzessinnengärten이다.

1,800평 대지에는 나무숲과 꽃, 식용작물, 허브를 키우는 농장이 있고, 그 사이로 작은 레스토랑과 카페, 소품 샵과 도서관이 들어서 있다. 이곳의 꽃으로 양봉도 하는데, 벌은 이곳에 꿀도 제공하지만, 꽃의 수정을 도와 식용작물의 열매를 잘 맺게 해준다. 나무들 사이 놓인 작은 테이블에 앉아 있노라면 숲 속에 와 있는 듯한 착각에 빠진다. 레스토랑과 카페의 식재료는 여기서 기른 유기농 작물을 사용한다.

숲에 온 듯한 느낌을 주는 도시정원인 베를린 프린세스가든 내 카페테리아.
출처: flickr.com/photos/snippyhollow

평일에는 유기농 식자재를 사거나 산책을 나온 사람들과 관광객들로 북적이고, 주말이면 세미나, 커뮤니티 모임, 작은 파티, 댄스 강습 등 깜짝 이벤트가 열리는 문화 공간으로 활용된다. 이곳은 주민들에게 직접 농작물을 기를 수 있는 공간을 제공하고 재배방법을 알려주기도 한다. 주민들이 안전한 먹거리를 구할 수 있는 시장인 동시에, 정보를 나누고 이야기할 수 있는 지역 커뮤니티이기도 하다. 겨울을 제외한 4월부터 10월까지 운영되는데, 이 기간에만 6만 명 이상이 방문한다.

프린세스가든은 로버트 쇼Robert Shaw와 마르코 클라우센Marco Clausen에 의해 제안되어 2009년 프로젝트가 시작되었다. 현재는 비영리 기업인 노마딕 그린Nomadisch Grün이 베를린 시로부터 임대해 운영하고 있다. 과거 반세기 동안 나무 한 그루 없이 쓰레기로 채워진 나대지에 어떻게 이런 시도를 할 수 있었을까?

로버트 쇼는 이곳을 세우기 전 극장에서 일하며 세계 여행을 즐겼다. 당시 쿠바를 여행하면서 처음 도시정원을 보았고 그 매력에 빠져 버렸다. 하지만 '이곳이 과연 유지가 가능할까'하는 의구심을 안고서 여행에서 돌아왔다. 이후 그는 아버지가 되었고, 더 많은 시간을 아이와 보내기를 원했다. 그리고 진짜 원하는 일을 하고 싶었다. 그는 2년 뒤 다시 쿠바로 여행을 떠났고, 예전에 보았던 그 도시정원이 여전히 유지되고 있는 것을 확인했다. 거기서 그는 도시정원의 지속가능성에 대한 믿음을 얻었다. 그는 베를린으로 돌아와 도시정원 사업을 위한 공부를 시작했다. 베를린에서도 실현 가능할지, 이것으로 가족을 부양하며 살 수 있을지 연구했다. 세부적인 것들과 다른

출처: Wikimedia Commons, flickr.com/photos/barolo

도시정원 사례들을 조사하면서 그는 도시정원의 매력에 더욱 빠져들었다.

가장 큰 고민은 재정적인 측면이었다. 녹지를 만들고, 정원을 가꾸고, 커뮤니티 공간을 만드는 것은 낭만적인 일이나, 결코 돈이 되는 일은 아니었다. 계산을 해보니 야채를 길러 파는 것만으로는 키우는 비용조차도 댈 수 없었다. 많은 농부들에게 정부 보조금이 지원되는 데는 그만한 이유가 있었다. 그래서 그는 수익을 창출하는 방법으로 레스토랑과 카페를 사업에 포함시켰다. 정원에서 재배한 야채와 허브를 레스토랑에 공급하고, 레스토랑에서 발생한 수익은 다시 공원을 유지하는 데 투입하는 순환구조를 만들었다. 지금은 지역 커뮤니티로 발전하면서 기존 모델에서 벼룩시장, 자전거 샵, 목공소, 키즈클럽, 요리강의 등 수익구조를 확대할 수 있게 되었다.

그들은 도시공원이 다른 공간에도 쉽게 적용될 수 있도록 기획했다. 그래서 모든 작물은 흙바닥이 아닌 포대나 나무 상자, 재활용 플라스틱 상자 안에서 길러지며, 건물들도 고정형이 아닌 간이 컨테이너와 목재 건물을 선택했다. 지붕이나 주차장, 식물이 자랄 수 없는 토지일지라도 어디든 빈 공간만 생기면 도시공원을 세울 수 있도록 한 것이다.

무엇보다 그들은 지역 주민의 참여를 원했다. 비영리 단체를 만들고, 주민의 참여를 요청했다. 그러자 무려 1천 명의 자원봉사자들이 모였다. 쓰레기장이었던 이곳을 주민들과 함께 치우고, 정원을 만들기 시작했다. 지금도 많은 자원봉사자들과 함께 이곳을 운영하고 있다. 방문자는 누구나 수확이나 모종 작업에 참여할 수 있게 해서 부족한 노동력을 채우고, 동시에 방문자에게는 자연과 함께하는 즐거움을 제공한다.

처음에는 베를린 시와 1년 임대 계약으로 시작했고, 이후 2년 연장 계약을 맺었다. 2012년 베를린 시가 계약 종료 시기에 맞춰 가치가 오른 땅을 비싸게 매각하려 하자, 3만 명의 베를린 시민이 반대 서명 운동에 참여했다. 이런 노력으로 현재는 2018년까지 계약을 연장한 상태다.

그들은 브라질 등 다른 도시에도 초청되어 노하우를 전달하고 세상에 더 많은 도시정원이 만들어질 수 있도록 돕고 있다. 도시정원 수익의 일부는 친환경 단체와 환경 운동을 지원한다. 2012년에는 프린세스가든의 역사와 노하우를 담은 책도 출판했다. 2014년에는 사회문제 해결에 기여한 창의적인 디자인에게 주는 《커리 스톤 디자인 상》Curry Stone Design Prize 을 수상했다.

프린세스가든은 킨포크와 웰빙 라이프스타일을 제안하는 공간이다. 이것은 한 사람의 아이디어가 수만 명의 삶의 방식에 영향을 준 사례이다. 누군가에게는 비밀로 간직하고 싶은 아지트가 되기도 하고, 베를린을 여행하면 꼭 다시 찾는 장소가 되기도 한다. 내가 사는 도시에도 이런 공간이 있었으면 하고 바라게 한다. 하지만 그들의 라이프스타일 제안에 더 큰 영향을 받는 쪽은 방문객보다 수천 명의 지역 참여자들이다. 그들은 프린세스가든의 주인이면서 열렬한 지지자들이다. 프린세스가든은 커뮤니티 자체도 라이프스타일 제안의 중요한 구성요소가 될 수 있음을 보여준다.

서울의 시현하다 사진관, 파아람 티하우스

시현하다 사진관

서울에 잘 나가는 사진관이 있다. 사진관이 잘 나가봐야 동네 사진관일거라 생각할 수 있겠지만, 30초면 그달 치 예약이 완료된다. 더구나 이곳은 모델 사진이나 기념사진도 아닌 신분증이나 이력서용 증명사진을 전문으로 하는 곳이다. 미국, 홍콩, 제주도에서도 증명사진을 찍기 위해 찾아오는 이곳은 20대 김시현 대표가 운영하는 '시현하다' 사진관이다.

신분증 사진은 보통 창피해 가리거나, 보여주자면 실물과 너무 달라 폭소를 자아내곤 한다. 하지만 '시현하다'에서 찍은 증명사진은 내 인생에 가장 잘 나온 사진이라는 의미의 '인생사진'으로 불린다. 이 사진들이 인스타그램에 올라오면서 시현하다 사진관은 인기를 얻기 시작했다. 평생 가지고 다녀야 할 신분증에 자랑스럽게 보여줄 수 있는 인생사진을 담으려 전국의 고객들이 찾아오는 것이다.

그녀가 찍은 증명사진은 독특하다. 우선 사진배경에 흰색이나 파란색이 아닌 분홍, 빨강, 노랑 같은 개성 있는 색을 사용한다. 치아를 드러내며 웃거나 눈썹을 올리는 등 재미있는 표정도 지을 수 있다. 정면 응시, 귀와 눈썹 노출, 단색 스튜디오 배경 등 최소한의 신분증 규정은 지키면서 한 장의 사진에 각자의 개성을 최대한 담아주고 있다. 보통 사진관 아저씨가 기계처럼 찍어내는 딱딱한 증명사진이 아니라 또래의 언니, 동생이 찍어주는 예쁜 프로필 사진이고, 액자로 담아 간직할 만한 작품사진이다.

그녀는 증명사진은 단순히 신분증을 위한 사진이 아니라 그 순간의 모습을 기록하는 초상사진이라고 정의한다. 증명사진은 내가 어떤 사람인지 정말 '증명'하는 사진이다. 그래서 사진을 찍으러 올 때는 화장도 평소대로 하고, 자신에게 맞는 배경색도 골라오라고 한다. 자신을 어떤 사람으로 표현하고 싶은지, 형용사도 3개 골라오라고 한다. 자연스런 개성을 이끌어내기 위해 대화도 많이 하고, 찍히는 사람의 개성에 맞춰 조명도 바꾼다. 그래서 하루 10명의 사진만 찍는다. 획일적으로 보정한 모습보다 정말 당신 같은 사진을 만들어 주려고 노력한다. 평소 앞머리를 내리는 사람에게 눈썹 노출 규정에 맞춰 이마를 훤히 드러내라고 요구하지 않고, 최소한 눈썹만 드러내는 방법을 고객과 함께 찾아 주기도 한다. '다 사람이고 다 예쁘다'라는 것이 사진에 대한 그녀의 철학이다.

특목고를 준비하던 중학생 시절, 그녀는 좋은 대학과 대기업 취업만이 행복한 삶의 충분조건이 아니라는 것을 깨달았다. 그리하여 대안학교로 진학을 결정하고 부모님의 허락을 받았다. 고등학교 1학년 때는 사람 만나는

자신의 라이프스타일을 고스란히 담은 시현하다 사진관

게 좋아 무턱대고 카페를 차리겠다고 부모님께 요청했다가 거절당하기도 했다. 그녀는 2학년 때 진로수업을 통해 사진관이라는 소박한 꿈을 찾게 된다. 진로수업에서 자신이 무슨 일을 좋아하는지, 무엇을 잘하는지 적어나갔다. 그녀는 초등학교 4학년 때부터 포토샵을 독학으로 공부하였고, 친구들의 사진을 보정해 주는 것을 즐겼다. 일곱 번의 전학을 다니면서 친구들의 사진을 찍어주는 것을 즐겼고, 셀카 잘 찍는 법도 익혀서 직접 가르쳐 주었다. 친구들은 그녀가 찍어준 사진을 자신들의 프로필 사진으로 올렸다. 진로는 자연스럽게 사진이라는 업으로 귀결됐다. 많은 사람을 만날 수도 있고, 대기업과 경쟁을 피해 동네 장사로도 먹고 살 수 있는 사진관 언니를 인생 목표로 삼았다.

대학도 가지 않을 생각으로 부모님께 건의했다가, "안 가는 것이 아니라 못 가는 거겠지"라는 말에 욱해서 사진학과에 진학했다. 교수님 추천으로 한국의 손꼽히는 스튜디오에서도 일해 봤지만 자신의 라이프스타일과는 맞지 않았다. 그녀는 엄마가 되고, 할머니가 돼서도 일할 수 있는 사진관이 더 좋았다.

그녀는 일찍부터 인생 키워드를 찾고, 자신에게 맞는 소박한 꿈을 그려왔다. 그리고 그 소박한 꿈은 기대 이상의 성공으로 이어졌다. 그녀의 작품은 그 자체가 마케팅 수단이었고, '시현하다'의 팬들은 곧 가장 강력한 마케터가 돼주었다. '시현하다'에는 자신의 배경색을 레드 또는 블랙이라고 밝히는 그녀의 라이프스타일이 녹아있다. 그래서 보름간의 여행을 떠나고 일주일에 4일만 영업하면서 삶의 여유와 행복도 놓치지 않으려 한다. 그녀는 이제 자신의 제안을 가족사진으로 조심스럽게 확장하려 하고 있다. 아직은 어르신들의 얼굴 주름을 자연스럽게 잡아낼 수 있을까 하는 걱정이 앞서지만 '예쁜 사진이 하나도 없는 엄마에게 인생사진을 남겨주고 싶다'는 딸들의 바람에 용기를 내본다.

파아람 티하우스

이수역을 나와 골목을 조금 들어가면 온통 파아란 6층 건물이 눈에 띈다. 1층 카페로 들어서면 왼쪽 벽을 가득 채운 유리병 선반이 시선을 사로잡는다. 유리병 안에는 색색의 말린 꽃들이 가득 채워져 있다. 이곳은 꽃차를 전문으로 하는 '파아람 티하우스'다.

수십 가지의 꽃차 중에 자신의 체질이나 건강 상태에 따라 메뉴를 선택할 수 있다. 소화를 돕고 독을 치료하는 개망초꽃차, 천연 항생제로 몸 안의 염증을 치료하는 아카시아꽃차, 정력에 좋고 항산화 기능이 높은 라일락꽃차 등 이름만으로 오감을 깨우는 차들이다. 또한 여러 가지 꽃들을 블렌딩한 차도 선보이는데, 천년초 열매, 천일홍, 육계나무 잎을 적절하게 배합해 몸과 영혼을 힐링하는 천상화차, 자귀나무 잎과 야관문으로 부부금슬을 채워주는 사랑차, 우슬이 들어가 관절염에 좋은 비슬차, 메리골드, 황화코스모스 등 눈 건강에 좋은 꽃을 블렌딩한 '아름다운 눈' 차도 있다. 발효차나 쌍화차 같은 전통차와 꽃빙수도 즐길 수 있다.

꽃차를 주문하면 투명한 티포트에 말린 꽃송이들이 담겨 나오고, 더운

건강한 꽃차 라이프를 제안하는 파아람 티하우스

물을 따르면 꽃들이 본연의 색과 모양을 찾는다. 시간이 지나면서 찻물이 우러나며 은은한 빛과 향이 퍼진다. 꽃차에는 카페인이 없어서 여러 번 우려내어 마셔도 부작용이 없다. 꽃차의 향과 맛에 취해 있노라면 몸과 마음이 치유되는 느낌이 든다. 특히 파아람의 꽃차 재료들은 지리산과 한라산 심마니들로부터 눈, 비, 바람을 맞고 자란 깨끗하고 건강한 야생화를 가져다 만들어 효과가 더 좋다고 한다.

이곳 파아람 티하우스의 주인장인 박미정 원장은 여느 카페 주인들과는 여러 가지 면에서 다르다. 우선 이순의 나이가 무색할 만큼 패션 센스가 돋보인다. 머리부터 발끝까지 초록색으로 치장하는 것은 그녀의 시그니처가 되었다. 그녀는 초록 두건을 머리에 두르고, 초록색 네일 아트를 하고, 신발까지 초록으로 맞춰 신는다. 초록은 꽃에 가장 어울리는 색이기도 하지만, 그녀는 희망을 주는 색이라는 것에 더 큰 의미를 둔다. 그녀가 가진 타이틀을 보면 더 놀랍다. 그녀는 보건치유교육학 박사이며, 스스로가 꽃차 생활 지도사이면서 그런 지도사를 양성하는 교수이다. 파아람 티하우스의 2층에 위치한 한국 차 테라피 교육원과 한국 꽃차 마이스터 교육원의 원장이고, 한국약선차협회의 지회장이며, 한국꽃차협회의 주요 창립 멤버이기도 하다.

그녀의 꽃차와의 인연은 30대 중반부터 시작되었다. 어릴 때부터 몸이 약해서 건강하게 사는 것이 중요한 인생 과제였던 그녀는 자연 속에서 건강을 찾는 대체의학에 관심을 갖게 되었다. 그때부터 동의보감을 공부하고, 발 마사지를 배우고, 피부 미용 자격증을 따고, 아로마 테라피 자격증도 땄다. 그런 그녀의 관심은 자연스레 꽃차로까지 이어졌다. 한의학에 나오는 우리 꽃과 잎, 가지, 뿌리의 효능을 연구하고 공부했다. 그녀 스스로가 꽃차를 통해 면역력이 오르고 건강이 좋아지자 이를 주변에 전파하기 시작했다. 결국 만학도가 되어 2016년 꽃차 테라피로 박사학위를 따고, 파아람 건물을 지어 2017년 꽃차 카페와 교육원을 열기에 이른다. 30년 넘게 '꽃길'만 걸어온 것이다.

최근 그녀가 공을 들이는 부분은 더 많은 꽃차 전문가들을 양성하는 일이다. 그녀가 가르친 꽃차 소믈리에, 꽃차 마이스터들이 전국 곳곳에서 꽃차 카페를 열고 더 많은 후배들이 양성되는 것이 가장 큰 보람이다. 그녀는 후배들에게 좋은 재료와 정성을 강조한다. 약 치지 않고 정성 들여 깨끗하게 키운 꽃들이 더 효능이 좋다는 것을 경험으로 알고 있기 때문이다. 협회 사람들과 함께 더 많은 항암, 항산화 물질을 함유하게 하는 꽃 건조 방법을 연구하고 전파하는 것도 그녀의 일이다. 피부 미용 자격증을 보유한 그녀가 직접 만든 천연 화장품과 미용용품도 파아람 티하우스에서 판매한다.

파아람은 그녀의 라이프스타일이 고스란히 담긴 공간이다. 나이가 들수록 건강은 행복의 중요한 요소가 된다. 파아람의 꽃차에는 커피에서는 느낄 수 없는 건강해지는 느낌이 담겨 있다. 몸이 으슬으슬 추워지고 기운이 없어지면 파아람의 따끈한 꽃차가 생각나는 이유이다. 그녀의 매력적인 라이프스타일 제안은 팬을 불러 모으고, 그 팬들이 또 다른 꽃차 팬을 만드는 전도사가 된다. 그녀는 아름다운 꽃차 라이프를 전파하며 그 어느 때보다 행복한 나날을 보내고 있다.

| 7장 |

나만의 라이프스타일
비즈니스 시작하기

· Lifestyle ·

창업과 경영에 관한 책이나 교육은 시중에 이미 많이 나와 있다. 라이프스타일 샵을 차리고 라이프스타일 비즈니스를 시작하는 과정도 그와 크게 다르지 않다. 다만, 일반 창업과 달리 라이프스타일 비즈니스에서는 자신의 라이프스타일을 확인하고, 고객에게 제안할 라이프스타일을 정의하는 일이 매우 중요하다.

자신의 라이프스타일을 확인한다는 것은 개인이라면 가치관, 기업이라면 경영 이념과 핵심가치를 정리하는 것이다. 추구하는 가치와 핵심 키워드는 자신과 기업 구성원의 행동과 관심, 태도를 결정한다.

다음 단계는, 이것을 고객에게 제안할 라이프스타일로 정의하고, 구체적인 삶의 모습을 떠올려 보는 것이다. 아침부터 저녁까지 어떤 삶을 살기 원하는지 그려본다. 이런 라이프스타일 시나리오는 제품과 서비스 제안을 설계하고, 고객과 만나는 방식을 결정하는 데 영향을 준다.

라이프스타일 비즈니스 모델이 완성되면 잠재고객에게 시범 적용해 봄으로써 성공 가능성을 미리 확인하고, 부족한 부분을 보완할 수 있다. 더 중요한 것은 사업 시작 전에 고객을 확보함으로써 사업 리스크를 크게 줄일 수 있다는 점이다.

라이프스타일 비즈니스는 작게 시작해 크게 확장할 수 있는 사업이다. 가급적 투입을 줄이고, 빠르게 사업을 시작함으로써 실패 리스크를 감소시킬 수 있다. 고객과의 대면 소통을 통해 사업 방향을 끊임없이 조정하고 제안의 구성을 확장하면서 고객의 흥미를 이끌어 낸다. 특히, 고객을 팬으로 만들고 유지하는 것은 라이프스타일 비즈니스에서 매우 중요한 일이다.

· Business ·

31 나의 라이프스타일 발견하기

라이프스타일 비즈니스를 구축하는 첫 단계는 자신이 추구하는 라이프스타일을 발견하고 정의하는 일이다. 이것은 개인과 기업 모두에게 해당한다. 라이프스타일을 결정짓는 가장 중요한 요소는 삶에 대한 가치관이다. 기업이라면 경영 철학과 사명이 될 것이다.

개인 차원에서 자신의 라이프스타일을 찾기 위해서는 이와 같은 질문들에 대한 답이 필요하다.

- 나는 무엇을 위해 살아가는가?
- 내가 꿈꾸는 이상적인 삶의 모습은 어떠한가?
- 내 삶을 가장 잘 표현하는 키워드는 무엇인가?

쉽게 답할 수 있는 질문도 아니고, 따로 정답이 있지도 않다. 이것은 남들과 비교, 평가하는 일이 아니라 남과 다름, '나다움'을 찾는 일이다. 모든 사람은 자신만의 독특한 가치관과 삶의 방식을 갖고 있다. 또한 삶을 대표하

는 키워드도 자신이 살아온 환경이나 직업, 이루고자 하는 꿈에 따라 달라진다. 같은 가치를 추구하더라도 삶의 키워드에 따라 서로 다른 라이프스타일로 나타나기도 한다. 같은 식당이더라도 홍콩 쿠오레 프라이빗 키친의 안드레아 오세티의 키워드가 요리, 여행, 예술이라면 퓨전한식당 모요 창업자들의 키워드는 요리, 한국, 이탈리아다. 같은 부자라도 부족할 것 없이 호화로운 삶을 누리며 사는 삶도 있지만, 검소하게 살며 평생 9조 5천억 원을 기부한 듀티프리샵Duty Free Shop의 찰스 피니Charles F. Feeney와 같은 삶도 있다.

이 질문의 답변들은 내 삶에서 하나로 연결되어 있다. 이 조합이 나의 독특한 라이프스타일이 되고, 그것은 하나의 비즈니스와 브랜드가 될 수 있다. 나를 담은 비즈니스를 만들고 운영하는 것은 즐겁고 행복한 일이다. 그래서 남들보다 더 많은 시간과 관심을 쏟을 수 있고, 자신의 개성이 담긴 독특한 작품이 만들어질 가능성이 높다. 반대로 나와 맞지 않는 일을 하는 것은 불편하고 거북하다. 쉽게 지치고 스트레스도 받는다. 삶의 키워드에 치킨이나 요리가 없는 사람이 갑자기 치킨집을 낸다고 잘 될 리가 없다. 자신의 라이프스타일에서 벗어나 다른 모습을 억지로 보이려 하면 고객이 먼저 알아본다.

화장품 매장을 운영하는 남성 점주와 매니저들이 있다. 어떤 매장의 매니저는 딱 봐도 그루밍족이라는 것을 알 수 있다. 몸 관리도 하고, 약간의 문신과 귀걸이로 멋을 살린 경우도 있다. 화장품을 잘 알고 스스로도 많은 여성 화장품을 사용한다. 스스럼없이 여성 고객에게 다가가 이런저런 말도 잘

한다. 이 경우가 화장품을 통해 자신의 라이프스타일을 파는 라이프스타일 비즈니스다. 반면에 주름진 반바지와 긴 발목 양말에 샌들을 신고 매장을 지키는 남성 점주도 있다. 외모만 봐도 자신을 가꾸는 것과는 담 쌓은 사람이다. 이들은 화장품에 대한 지식도 빈약하다. 생계를 위해 잘 된다는 매장을 차린 것일 뿐, 자신의 라이프스타일과는 전혀 동떨어져 있다. 이런 매장은 상품의 진열이나 청결 상태도 엉망이고, 다른 매장보다 매출도 적다.

자신의 가치관과 사명을 찾는 방법은 여러 가지가 있다. 성격검사나 적성검사를 해볼 수도 있고, 죽기 전에 하고 싶은 일들을 적어보는 버킷 리스트를 만들어볼 수도 있다. 일기나 작문 속에서 키워드를 찾을 수도 있고, 개인 사명선언문을 만드는 방법도 있다. 여기에도 정답은 없다. 자신에게 맞는 방법을 찾아 적용하면 된다.

기업과 사업조직이 라이프스타일 비즈니스를 새로이 시작하거나, 기존 브랜드를 라이프스타일 브랜드로 전환하려는 경우에도 비슷한 과정이 필요하다.

- 우리 기업은 어떤 가치를 지키기 위해 존재하는가?
- 우리 기업이 꿈꾸는 이상적인 삶의 모습은 어떠한가?
- 우리 기업을 가장 잘 표현하는 키워드는 무엇인가?

라이프스타일 비즈니스를 실행하려는 조직은 자신들이 어떤 핵심가치를

고수하는지 정확히 파악해야 한다. 이것은 홈페이지나 벽에 걸린 액자 속의 선언문과 같이 형식적인 것이 아니라 실질적으로 조직 경영원칙과 의사결정의 기준으로 사용되는 것을 의미한다. 대부분 기업들의 사명은 인간, 행복, 삶 같은 단어들로 비슷하게 만들어져 있고, 핵심가치는 혁신, 창의, 인재, 고객감동 같은 '더 열심히 일하자'는 속뜻을 가진 단어들로 구성되어 있다.

일반적인 기업의 '혁신'은 "투자는 최소로 하면서 회사에 엄청난 이익을 안겨줄 뭔가를 만들어봐. 대신 실패하면 모든 책임은 네가 지는 거야"라는 식이다. 이것은 지켜야 할 가치가 아니라 이익 증대를 위한 수단일 뿐이다. 3M이나 고어Gore사처럼 진짜 '혁신'을 핵심가치로 하는 조직은 "시간과 돈을 줄 테니 하고 싶은 거 아무거나 해봐", "실패해도 좋으니 맘껏 실험해"와 같은 말을 최고 경영자가 직원들의 귀에 못이 박히도록 하는 곳이다.

기업의 핵심가치와 철학은 직원들로부터 나오지 않는다. 직원들을 통해 도출되는 가치는 '일과 삶의 균형', '구성원의 행복' 같이 직원들은 원하지만, 그 조직에는 없거나 매우 부족한 것들이다. 하지만 이런 가치들은 대주주나 사장이 내리는 가치에 반하는 지시 한 번에 물거품이 되어 버린다.

조직의 진정한 핵심가치는 최고 의사결정자가 이익을 포기하고도 지키고자 하는 가치이다. 그런 점에서 최고 경영자가 실제 경영과정에서 어떤 기준을 가지고 의사결정을 내려왔는지는 매우 중요하다. 핵심가치는 선언이 아닌 경영자의 말과 행동에서 드러나고, 애써 가르치려 하지 않아도 직원들에게 자연스레 학습된다. 임직원들은 경영자의 의사결정 과정을 지켜보면서 같은 기준을 세우고 그 기준에 따라 행동한다. 그것이 제품에 묻어나고, 브랜드의 이미지가 된다.

최고 경영자가 디자인에 목을 매면 디자인이 좋은 제품이 나오고, 디자인이 좋은 브랜드로 고객에게 알려진다. 최고 의사결정자가 품질에 미치면 품질 좋은 제품들로 인해, 고품질을 대표하는 브랜드가 된다. 의사결정자가 이익을 희생하면서 엄청난 R&D 투자를 하고 새로움을 갈구하면 혁신적인 제품이 나온다. 이 모두에 미친 경영사는 역사적인 제품을 만들어낸다. 아이폰은 스티브 잡스의 과도한 집착과 그것을 참아낸 직원들이 만들어낸 작품이다.

조직의 실질적인 핵심가치가 무엇인지는 복수의 가치가 충돌하는 의사결정 과정에서 확인할 수 있다. 환경은 조금 훼손하지만 법적으로는 문제가 없고 기업 이익에도 도움이 되는 공정을 그대로 유지할지 결정해야 하는 상황이라 가정해 보자. 이것으로 우리는 그 조직의 '이익'과 '환경'이라는 가치의 상대적 경중을 알 수 있다. 만약 공정을 그대로 유지한다면 그 조직은 환경보다 이윤 추구가 더 중요한 조직이다. 이런 조직은 친환경 브랜드를 만들어서는 안 된다. 이런 브랜드를 흉내 내어 만들 수는 있지만, 언젠가 이익과 환경 가치가 충돌할 때 이익을 선택할 것이기 때문이다. 미래 경영 환경은 작은 실수에도 기업의 진정성이 바로 드러나고 빨리 확산되며, 소비자는 다른 브랜드로 쉽게 이동한다. 이런 환경에서 자신과 다른 가치의 브랜드를 운영하는 것은 기업 이미지 실추와 생존 문제로까지 이어질 수 있다.

만약 한 기업 안에 성격이 다른 복수의 라이프스타일 브랜드를 운영하려면, 완전히 독립된 의사결정 체계를 갖춘 별도의 조직을 만들어야 한다. 이

조직은 최고 의사결정자부터 구성원 모두가, 브랜드가 추구하는 가치를 최우선으로 하는 사람들로 구성되어야 한다. 검소함을 추구하는 사람이 럭셔리 브랜드를 만들 수 없고, 역동을 추구하는 사람이 편안한 브랜드를 만들 수 없다.

현대 자본주의 기업들은 기본적으로 이윤 추구를 목표로 하고 있다. 왜냐하면 기업의 주인은 주주이고, 이익은 주주가 원하는 바이기 때문이다. 그래서 조직이 지켜가려는 가치는 이윤 추구와 가장 많이 충돌한다. 하지만 이제 고객이 기업의 주인인 시대가 오고 있고, 이윤은 더 이상 추구해야 할 목표가 아니라 뒤따르는 결과이다. 대신 기업은 고객과 함께할 자신만의 가치를 지키는 것을 목표로 해야 한다. 이케아가 이윤을 위해 '스웨덴 스타일'을 버린다면 값싼 가구 회사일 뿐이고, 무인양품이 이익을 높이기 위해 '단순함'을 포기한다면 여느 잡화점과 다를 것이 없다.

라이프스타일 비즈니스의 출발은 나로부터 시작된다. 억지로 만들어낸 라이프스타일이 아닌, 자연스러운 나의 라이프스타일을 파는 것이 라이프스타일 비즈니스다.

32 고객 라이프스타일 정의하기

자신의 가치관과 인생 키워드를 확인했다면, 이제 이를 기반으로 고객에게 제안할 라이프스타일을 정의해야 한다. 이 단계에서 구체적으로 정리할수록 다음 단계가 더 수월해진다.

현재 나의 라이프스타일이 충분히 매력적이어서 그대로를 고객에게 제안하는 경우라면 자신의 현재 라이프스타일을 정리하면 된다. 귀네스 팰트로는 자신의 럭셔리한 경험과 노하우를 정리해 뉴스레터를 보내는 것으로 그녀의 라이프스타일 브랜드를 시작했다.

하지만 고객에게 제안하는 라이프스타일이 나와 고객 모두가 꿈꾸는 이상적인 삶의 모습이라면, 이 경우는 살고 싶은 삶의 전체적인 이미지를 그려내는 작업이 필요하다. 기업이 라이프스타일 브랜드를 만드는 경우도 마찬가지다.

독서를 좋아하는 직장인의 라이프스타일이라 하면 출퇴근 때 책을 읽거나, 잠들기 전에 책을 보는 정도가 떠오른다. 하지만 이 정도 평범한 라이프스타일은 고객에게 제안할 만한 매력적인 라이프스타일이라 하기 어렵다.

도쿄 북앤베드, 사다리 있는 곳으로 들어가면 아늑한 공간이 나타난다.
간단한 샤워와 세면을 할 수 있는 시설도 준비되어 있다.
출처: 째보밍(blog.naver.com/215toqha)

정말 독서광이 꿈꾸는 이상적인 삶의 모습은 무엇일까? 내일 일은 일단 접어두고, 아늑한 다락방에서 밤새 책을 읽다가 스르르 잠드는 꿈을 꿀지도 모른다.

도쿄의 북앤베드는 이런 독서광들의 꿈을 실현시켜 주는 곳이다. 이곳은 책장들 사이에 한 사람이 들어갈 만한 다락방 공간을 마련해 주고 커피 한 잔과 함께 밤새 혼자만의 독서 시간을 즐길 수 있도록 하였다. 회사들이 많은 도심 속에 위치하고 있어, 퇴근 후 바로 와서 독서를 즐기다가 다음날 맘 편하게 출근할 수도 있다. 이를 위해 깔끔한 샤워 시설과 목욕용품도 마련되어 있다.

이 단계의 작업에는 시간을 보내는 방식과 관심, 태도를 분류해 놓은 AIO 기법이 도움이 된다.

활동(Activities)	관심(Interests)	태도(Opinions)
일	가족	자기 자신
취미	집	사회적 이슈
사회적 행사	직업	정치
휴가	지역	사업
오락	휴양	경제
동호회	패션	교육
커뮤니티	음식	제품
쇼핑	미디어	미래
스포츠	성취	문화

AIO 분석 항목들

우선 제안하려는 라이프스타일은 어떤 활동들로 채워질지 정리해 본다. 하루 24시간을 어떻게 보내고, 1년 365일을 무엇을 하며 살지 상상하는 것이다. 아침에 일어나서부터 잠들 때까지 어떤 환경에서 어떤 생각과 어떤 행동을 하며 보낼지 구체적으로 떠올려 본다. 어떤 일을 좋아하고, 어떤 취미를 즐길지, 또 주말과 휴가는 어떻게 보내고 싶을지 시나리오를 작성해 본다. 계절별, 월별로 어떤 활동들을 추천해 줄 수 있을지 구체적인 계획을 세워보는 것도 도움이 된다. 인터넷에서 발견한 〈1년 12개월 휘게 도전하기〉라는 글을 참고해 보자.

1월: 크리스마스 장식과 전구를 그대로 켜두기
2월: 따뜻한 차 즐기기
3월: (전기 조명 없이) 촛불로 살기
4월: 야외에서 운동하기
5월: 발 마사지하기
6월: 사랑하는 사람들과 휴대폰 없는 저녁시간 갖기
7월: 나의 삶을 변화시킨 누군가에게 감사 편지 보내기
8월: 봉사 활동에 참여하기
9월: 오직 '나'만을 위한 주말 보내기
10월: 나만의 편안하고 아늑한 장소 만들기
11월: 새로운 레시피로 빵 만들기
12월: 작은 파티를 열어 새로운 사람을 집에 초대하기

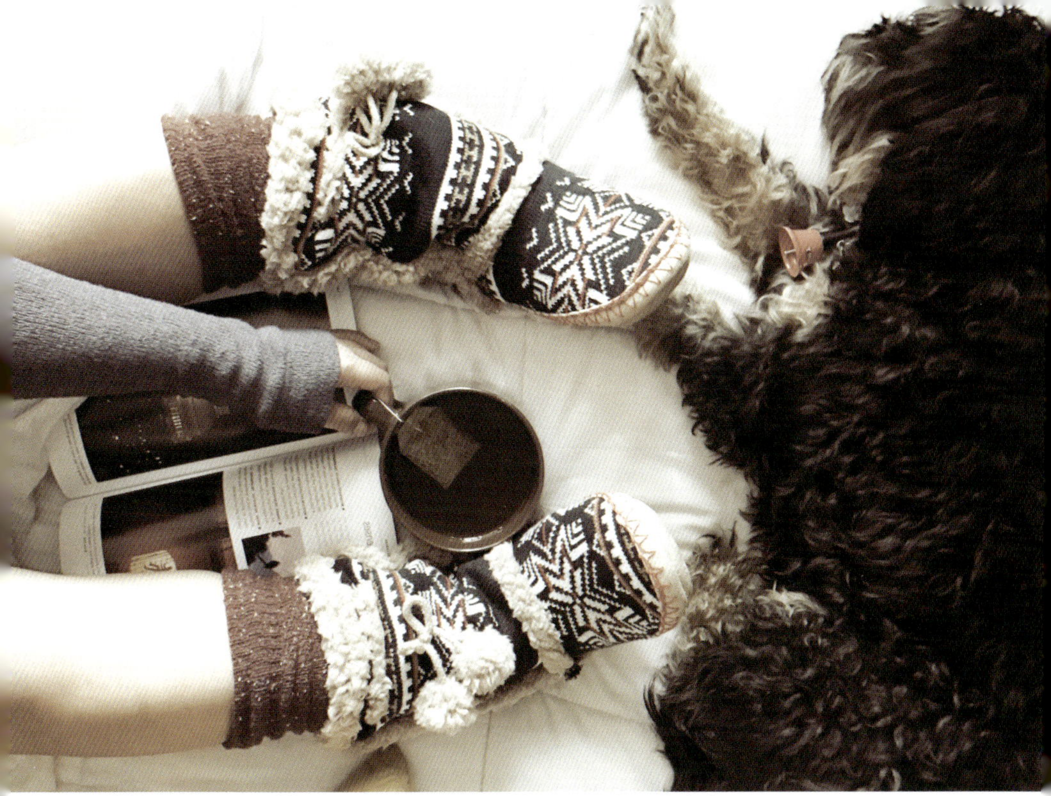

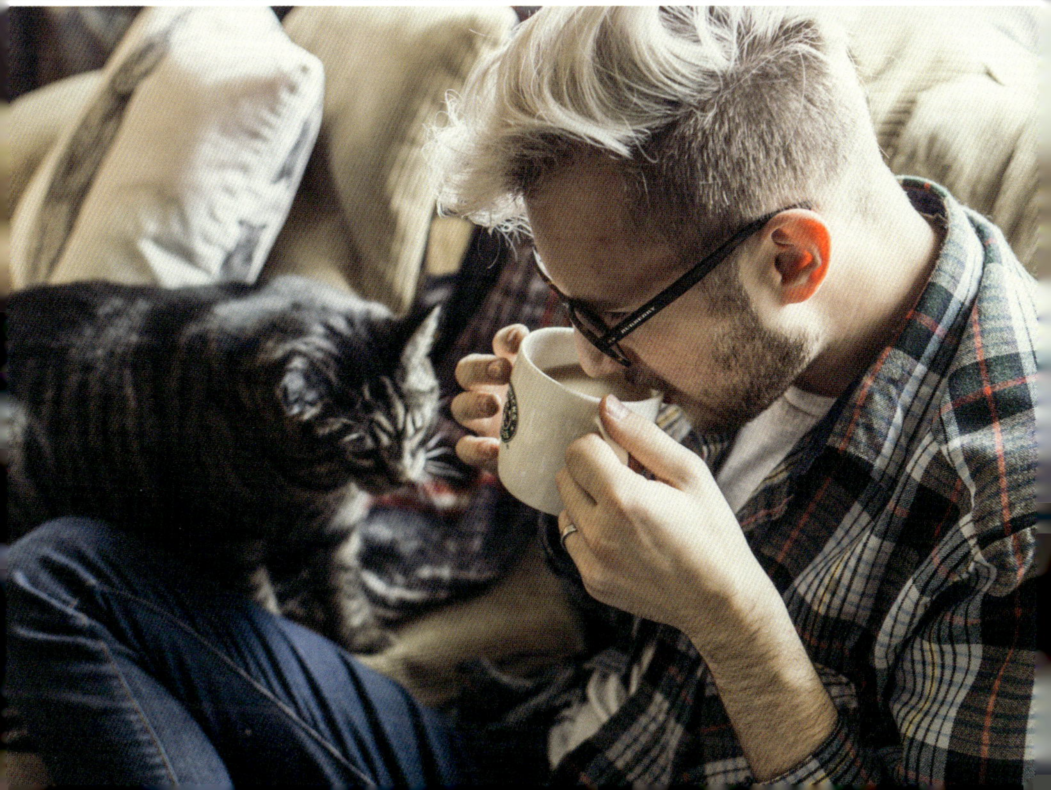

특히 자신의 인생 키워드와 관련한 다양한 활동들을 함께 고려해야 한다. 앞서 소개했던 덴마크 출신 플로리스트 니콜라이 버그만은 꽃이 그의 인생 키워드다. 따라서 꽃을 키우고, 장식하고, 먹고, 그리고, 쓰고, 가르치는 활동이 모두 꽃이라는 키워드에 연결된다. 그는 여기에 덴마크와 프리미엄이라는 키워드를 더했다. '북유럽 스타일의 프리미엄 플라워와 함께하는 삶', 이것이 그의 핵심 키워드이자, 그가 제안하는 라이프스타일이다. 그는 자신이 제안하는 라이프스타일을 가진 사람들이 어떤 환경 속에서 어떤 생각과 행동을 하며 살아갈지 상상한다. 경제적으로 여유가 있는 그들은 북유럽식 인테리어로 집 안을 꾸민다. 그들은 인테리어에 어울리는 꽃 장식을 주기적으로 사다가 집을 꾸미고, 가끔은 재료를 사와서 직접 꽃 장식을 만들어 보기도 할 것이다. 집 안에 많은 화초를 두고 키우며, 작은 정원을 가꿀 수도 있다. 그리고 선물할 일이 생기면 다른 선물과 함께 예쁜 꽃상자를 선물한다.

활동들을 살펴보았다면 다음은 제안할 라이프스타일과 관련된 관심과 태도에 대해 알아본다. 가족, 집, 직업에의 관심 분야나 음악, 음식, 패션, 인테리어 취향이 있을 수도 있다. 또는 정치, 경제, 사회, 문화에 대한 태도나 특정 제품이나 미래에 대하여 어떤 생각을 갖고 있는지도 적어본다. 예를 들어 가정을 중요시하는 사람과 그렇지 않은 사람은 관심사에도 큰 차이가 있다. 집을 짓고, 꾸미고, 수리하는 것을 즐기는 사람이 있는가 하면, 스포츠나 커뮤니티 같은 외부 활동을 더 선호하는 라이프스타일도 있다. 또한 라이프스타일은 의식주 취향을 통해 표현되는 경우도 많다. 신선한 식재료를 사다가 집에서 요리를 즐기는 사람이 있고, 맛집을 찾아다니는 것을 선호하는 사람도 있다. 라이프스타일은 화장이나 옷 입는 스타일, 인테리어 방식에도 영향을 미친다. 이런 것들을 가능한 구체적으로 그려본다. 라이프스타일에 적합한 사진들을 직접 찾아다니며 찍거나 인터넷에서 검색해 모아보는 것도 방법이다.

이 단계에서 브랜드와 로고도 정한다. 브랜드는 이름 하나, 로고 하나로 고객의 마음에 물결을 일으키는 것이다. 따라서 라이프스타일 브랜드는 그 라이프스타일을 가장 잘 표현할 수 있는 것이 좋다.

미니멀리즘을 추구하는 브랜드는 이름에 정확한 본질만 드러낸다. 화려한 폰트보다는 고딕 계열의 단순한 폰트가 낫고, 로고도 단색이나 무채색이 좋다. 소설 원작의 일본 영화 〈빵과 수프, 고양이와 함께 하기 좋은 날〉에는

영화 〈빵과 수프, 고양이와 함께 하기 좋은 날〉의 식당 'Sandwich ä'

작은 일본식 미니멀 식당이 나온다. 이곳은 하루에 한두 가지, 주인이 정한 그날의 샌드위치와 수프만 제공한다. 이 식당의 이름은 'Sandwich ä'다. 간판도 없이 유리문에 흰색 고딕 폰트로 작게 붙인 것이 전부다. 브랜드 자체가 식당의 분위기와 메뉴를 잘 나타낸다. 일본의 모리오카 서점도 한 권의 책이라는 미니멀 스타일에 맞게 정면 유리 아래쪽에 '모리오카 서점MORIOKA SHOTEN'이라고 적은 것이 유일한 간판이다.

반면에 럭셔리 명품 브랜드는 보통 창립자의 이름을 그대로 따고 문양을 추가해 전통과 오리지널리티를 알린다. 에르메스의 브랜드 로고에는 고급 4륜 마차와 마부가 등장한다. 이 문양은 마구용품으로 시작한 에르메스의 180년 전통을 보여준다. 그리고 창업자 가문의 이름을 딴 브랜드에는 장식이 있는 폰트를 사용했다.

한국적인 라이프스타일을 제안하는 브랜드라면 국제적으로 통용될 수 있는 '비비고' 같은 한글 이름을 고려해 볼 수 있다.

33 라이프스타일 비즈니스 모델링

고객에게 제안할 라이프스타일 시나리오를 만들었다면 이제 사업화라는 재미있지만 고된 창조의 과정이 남았다. 개인 창업이라면 사업계획을 수립하는 과정이 될 테고, 기업이라면 신사업 또는 신규 브랜드를 기획하는 과정이 될 것이다. 여기에는 라이프스타일에 맞는 제품과 서비스를 구성하고, 고객과의 접촉 방식을 정하고, 이익을 따져보는 과정들이 포함된다.

제품과 서비스 큐레이션

라이프스타일 비즈니스는 특별한 라이프스타일을 추구하는 사람들의 삶을 풍요롭게 만드는 것을 목표로 하며, 그것은 제안하는 제품과 서비스로 구체화된다. 따라서 개별 제품과 서비스가 라이프스타일을 얼마나 잘 지원하는지가 중요하다. 또한 전체 제품과 서비스가 어우러져 만들어내는 총체적인 경험이나 느낌도 반드시 고려해야 할 사항이다.

지금까지는 제품과 상품의 의미를 정확히 구분하여 사용하지 않았는데, 이를 구분하여 살펴보면, 상품은 전 세계 수많은 제품 중 적합한 것을 골라 되파는 물건이다. 그리고 제품은 직접 제작하거나, 재료나 상품을 구입해 변형한 가공물을 말한다. 제품과 상품, 즉 제상품 모두가 라이프스타일 제안의 대상이 된다.

제품의 경우 희소성이 중요하다. 고객의 라이프스타일에 맞춰 스스로 창작한 것이 가장 좋다. 개인이라면 전문적인 기술로 만든 수공예품이나 예술 창작물이 이에 해당한다. 또는 자신의 안목이나 기술로 취득한 자연물도 될 수 있다. 직접 기른 농작물이나 수렵 채집물도 가능하다. 예를 들어 분위기 있는 조약돌이나 야생 갈대도 좋은 인테리어 소품이 된다. 앞서 언급한 3D 프린팅 기술을 활용하는 것도 고려해 볼만한 방법이다. 제조기업이라면 보유하고 있는 생산능력을 활용하여 독자 제품을 생산한다. 자신이 직접 만든 제품은 희소한 만큼 많은 이익을 남길 수 있다.

기획, 디자인 능력은 있지만 제조 능력이 없다면 주문 생산을 하는 전문 제조기업에 생산을 요청할 수 있다. 간단한 요구사항만으로도 상업적 판매에 손색없는 제품을 만들어 주는 곳들이 많다. 전자기기나 플라스틱, 금속재 제품은 중국 알리바바 Alibaba.com 에서 비슷한 물건을 만드는 기업을 찾아 제조를 문의할 수 있다. 화장품의 경우는 한국의 ODM/OEM Original Design/ Equipment Manufacturer (주문자 상표 부착 생산자)에게 요청해 수천 개 단위로 생산할 수 있다.

　제품이 수집욕과 과시욕을 불러일으킬 수 있다면 판매와 홍보에 도움이 된다. 이 두 가지 욕구는 디자인에서 비롯되는 경우가 많은데, 같은 제품의 다른 컬러를 사거나 같은 컬러의 다른 제품을 사는 경우가 여기에 해당한다. 특히 하나의 라이프스타일은 일관된 디자인 유형을 가지기 때문에 고객은 유사한 디자인을 계속해서 구매하려는 성향이 강하다. 라이프스타일 브랜드에 있어 제품 디자인의 일관성 유지가 중요한 이유이다.

　최근 사진이나 동영상 소셜 네트워크의 확산에 따라 같은 제품이라도 어떻게 보이느냐가 홍보에 중요한 역할을 한다. 라이프스타일은 다른 사람들로부터 영향을 받고, 또 영향을 주기도 한다. 자신의 라이프스타일을 타인에게 노출함으로써 자신의 정체성을 확인하고 알린다. 따라서 라이프스타일 제품은 지인이나 대중에게 자랑하고 싶거나, 적어도 사진으로 간직하고 픈 욕구를 불러일으켜야 한다. 샐러드 식당 '배드 파머스'의 메인 메뉴인 물푸레 나무 그릇에 담겨 나오는 알록달록한 샐러드의 비주얼은 사진을 찍지 않고는 못 견디게 만든다. 고객들이 자신의 웰빙 라이프스타일을 알리기에 더 없이 좋은 소재인 것이다. 제품 자체가 가장 좋은 마케팅인 셈이다.

제조 기반이나 기술이 없는 사업자라면 상품 유통으로 사업을 시작하는 편이 낫다. 라이프스타일 비즈니스의 성격상, 어느 정도 사업 규모가 커질 때까지는 다품종 소량 판매가 대부분이다. 따라서 사업 초기에 대량 생산이나 대량 구매는 리스크를 가질 수밖에 없다.

사업자는 여러 가지 상품 유통 모델을 고려해 볼 수 있다. 가장 리스크가 없는 형태는 '샵인샵 Shop in shop'으로, 매장의 일부 공간을 무상 제공 또는 임

차하여 외부 사업자가 상품을 공급하게 하는 방식이다. 외부 사업자와 협의하여 자신의 라이프스타일 제안에 적합한 상품을 선택하여 진열하고, 판매가 되면 수익의 일부를 얻는다. 이 방식은 물건을 구매해야 하는 자금 부담도 없고, 팔리지 않았을 때 재고 문제도 없다. 카페에서 그림도 파는 갤러리 카페의 경우 갤러리 입장에서는 카페를 방문하는 고객들에게 그림을 팔 수 있는 기회를 얻고, 카페는 인테리어를 위한 비용과 수고를 덜 수 있다.

부득이하게 제품을 구매해서 판매해야 하는 경우는 가급적 융통성 있는 반품 조건을 협상해, 판매가 안 될 경우에 대한 재고 부담을 덜 필요가 있다. 수량도 가능한 적게 자주 공급받는 것이 유리하다.

상품은 이미 시장에 존재하는 제품이기 때문에 고객도 유통 채널을 찾아 구매할 수 있다. 따라서 상품 유통은 고객과의 정보력 싸움이다. 고객보다 한 발 앞서려면 더 많은 발품과 인터넷 활용능력을 필요로 한다. 상품 큐레이션의 가치는 고객이 겪는 시간적 제약과 전문지식의 부족을 해소해 주는 데 있다. 고객이 가보지 못한 곳에 가보고, 고객이 느끼지 못한 것을 느끼고, 고객이 찾기 힘들어 하는 것을 대신 찾아주어야 한다. 고객보다 높은 안목과 전문성은 그들보다 더 많은 것을 보고 느끼는 것으로부터 온다.

요즘은 전 세계의 기업과 개인이 만드는 물건들을 집에 앉아 살펴보고 구입할 수 있다. 타오바오Taobao.com나 핀터레스트Pinterest.com에서는 이미지로 검색할 수 있는 기능이 있는데, 필요한 패턴이나 디자인 이미지를 선택하면 그와 비슷한 디자인의 제품들을 찾아준다. 이런 서비스는 특정 라이프스타일에 맞춰 연관된 제품들을 찾아보는 데 도움을 준다. 아마존이나 이베이,

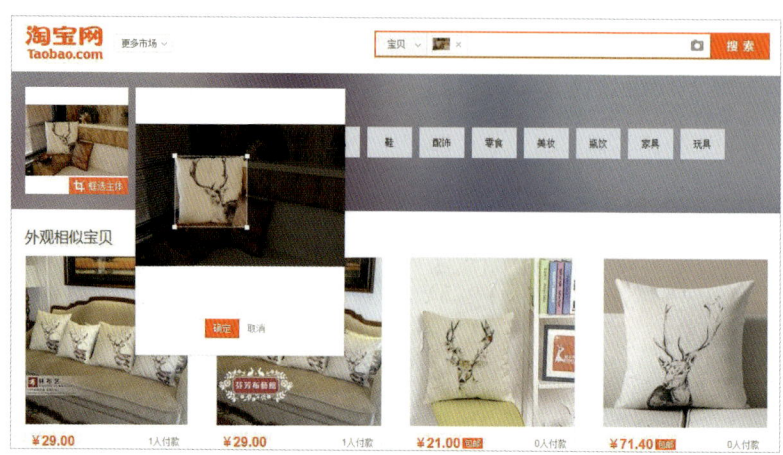

타오바오(taobao.com) 검색창 우측의 카메라 아이콘을 눌러 사진을 업로드하고 원하는 영역을 선택하면 선택된 이미지와 비슷한 제품들을 찾아준다.

알리바바처럼 잘 알려진 글로벌 쇼핑몰 외에 엣시Etsy.com, 알레그로Allegro.pl, 다완다Dawanda.com, 라르두트LaRedoute.com와 같은 외국의 특화 쇼핑몰을 찾아보는 것도 고객보다 앞설 수 있는 방법이다.

만약 기업이 기존 제품들을 라이프스타일 브랜드에 맞춰 재편하고자 한다면 제품의 기능, 디자인, 소재, 제조방법 등을 검토해 재분류해야 한다. 일본 츠타야 서점을 만든 기업, CCC Culture Convenience Club는 다케오 시로부터 다케오 시립 도서관의 리뉴얼과 운영을 요청받았다. CCC는 도서관이 보유한 18만 권의 도서를 직원들이 한 권 한 권 내용을 살펴서 라이프스타일 분류법으로 다시 분류했다. 2011년 25만 명이었던 다케오 도서관 방문자는 리뉴얼 오픈한 2013년에 92만 명을 넘어섰다.

제상품과 더불어 서비스는 라이프스타일 제안의 중요한 구성요소이다.

라이프스타일 비즈니스는 인생 점유율Life Share 싸움이다. 인생 점유율이란 한 사람의 인생에서 나의 라이프스타일 제안이 차지하는 비율이다. 서비스는 고객이 시간을 소비하는 방식이라는 점에서 인생 점유율에 중요한 역할을 한다. 우리는 퇴근 후 여유시간에 커피 로스팅 강습을 들을 수 있고, 친구들과 맛집을 찾아가 수다를 떨 수도 있으며, 개인 트레이너에게 운동을 배울 수도 있다. 고객은 서비스가 주는 경험에 돈과 시간을 소비한다. 또한 서비스는 상품과 달리 품질 차이를 확연하게 둘 수 있는 영역이다. 같은 스타일의 파마를 요구해도 미용실마다 머리 모양과 가격과 서비스가 다르다. 그리고 서비스는 고객과 대면하여 이루어지기 때문에 고객에 대한 다양한 정보를 얻을 수 있는 기회를 제공한다.

라이프스타일에 적합한 매력적인 제품과 서비스를 기획, 발굴, 구성하는 과정은 창조적이고 전문적인 능력을 요구한다. 동시에 고객의 가치관과 심리적 요구까지 읽어야 하는 감성 능력도 필요로 한다. 이런 능력을 가진 라이프스타일 디자이너는 라이프스타일 비즈니스의 핵심 역량으로, 이것은 미래 기업의 생존과 성장을 좌우하는 핵심 자원이 될 것이다.

고객과의 접점 방식

라이프스타일 비즈니스가 고객과 만나는 방법은 크게 온라인과 오프라인으로 나눌 수 있다. 매장을 통해 만날 수도 있고, 인터넷 쇼핑몰이나 홈페이지를 통해 접촉할 수도 있다. 물론 두 가지를 결합한 형태도 가능하다. 제안하는 라이프스타일의 성격과 제안 구성에 따라 더 적합한 방법을 선택하면 된다. 단, 온라인이든 오프라인이든, 그 공간은 고객이 그곳에 방문하는 행동 자체가 라이프스타일의 일부가 될 수 있도록 라이프스타일을 상징하는 장소가 되어야 한다.

오프라인 매장의 경우 간판을 포함한 외관, 인테리어, 음악, 조명 모두가 하나의 라이프스타일을 제안한다. 매장 방문이 고객에게는 행복한 순간이 되고 삶의 한 부분이 된다. 이곳은 새로운 감동과 상상들로 인해 동공과 목소리가 커지는 곳이다.

쇼룸은 라이프스타일 제안에 적합한 연출 방법이다. 쇼룸은 꿈에 그리던 공간으로 온 것 같은 착각을 주며, 구매 후의 상황을 상상해볼 수 있는 즐거움을 안겨준다. 의류, 가구, 잡화 등 다양한 홈웨어를 판매하는 '더 라인 TheLine.com'은 뉴욕과 LA에 실제 아파트를 임대해 자신들의 제품들로 쇼룸 겸 라이프스타일 샵인 '아파트먼트 바이 더 라인 The Apartment by The Line'을 오픈했다. 마치 영화 속에 들어온 듯한 이곳은 더 라인이 제안하는 라이프스타일을 고스란히 담고 있다. 가구부터 옷, 소품, 책, 벽에 걸린 사진 액자까지 쇼룸 내 모든 물건은 실제 구입 가능하다. 이곳은 구구절절 설명 없이도 각 제품들이 어떻게 실제 삶 속에 녹아드는지를 잘 보여준다.

매장이 제상품 판매를 주목적으로 한다고 하더라도 고객을 매장 안에 머

더 아파트먼트 바이 더 라인(The Apartment by The Line) 뉴욕 쇼룸. 출처: S(blog.naver.com/serinh)

무르게 하는 공간 설계가 필요하다. 고객은 이 체류 공간에서 제품을 구매하면 어떤 즐거운 경험을 하게 될지 상상하면서 간접적으로 체험한다. 쇼룸이 그런 예이고, 갤러리 카페나 플라워 카페에서는 카페 공간이 그런 역할을 한다. 츠타야 서점에서는 책이 주변 제품이 판매될 시간을 벌어주는 역할을 하고 있다.

같은 매장이라도 제안하는 라이프스타일에 따라 모양새가 달라진다. 라이프스타일 샵으로서의 카페는 단순히 커피를 파는 곳이 아니라 커피를 통해 라이프스타일을 파는 곳이다. 럭셔리 라이프를 추구하는 카페와 미니멀이나 휘게 라이프스타일을 제안하는 카페는 카페 이름, 외관, 인테리어, 커피의 종류와 가격, 손님에 대한 태도 등 모든 면에서 다르게 설계되어야 한다. 손님에 대한 태도만 살펴봐도, 럭셔리 카페는 비싼 커피 가격만큼 서비스는 격식 있고 친절해야 한다. 반면에 미니멀 카페는 가급적 손님의 공간을 방해하지 않고 지켜주는 것이 좋으며, 휘게 카페에서는 이름을 기억해주고 다정다감하게 말을 건네는 바리스타가 적격이다.

매장에 필요한 기구와 인테리어용품을 모두 자신이 구매할 필요는 없다. 독일 베를린에는 셰프 다니엘이 운영하는 '더 히든TheHidden-Berlin.com'이라는 18평의 작은 프라이빗 식당이 있다. 이곳도 다른 프라이빗 식당처럼 가정집과 같은 편하고 아늑한 인테리어로 꾸며져 있다. 그런데 이곳의 가구, 조명, 카펫, 식기, 꽃장식과 화초, 음향시스템 등 모두는 그가 협찬을 통해 구한 것이다. 다니엘은 업체로부터 레스토랑 분위기에 맞는 제품을 무

료로 협찬 받고, 대신 판매와 홍보를 해 준다.

    온라인 매장도 개념에 있어서는 오프라인 매장과 다를 것이 없다. 온라인 매장은 화면의 배치, 폰트, 색감으로 라이프스타일을 표현한다. 킨포크의 홈페이지 Kinfolk.com 에서는 킨포크적인 여유와 사람 냄새가 난다. 하지만 온라인에서는 고객과의 대면 커뮤니케이션이 불가능하기 때문에 고객과 소통할 수 있는 다양한 방법들을 고안해내야 한다. 주기적으로 유용한 라이프스타일 정보를 온라인 사이트에 제공하고, 소셜 네트워크 계정을 만들어 수시로 정보를 제공하거나 채팅과 메시지를 통해 고객과 좀 더 긴밀하게 소통할 수 있다. 일례로 온라인 쇼핑몰 '29cm 29cm.com'에서는 고객의 라이프스타일 설문 결과에 따라 여기에 맞는 제품을 제안하는 방식을 사용하고 있다.

재무적 수익 추정

수익은 사업이 지속 가능할지를 결정하는 매우 중요한 요소이다. 수익이 안 나온다면 제품 구성이나 매장 규모 등을 조정해야 할 수도 있다. 베를린 프린세스가든의 사례처럼 이익이 많이 남는 새로운 수익원을 만드는 것도 좋은 방법이다. 수익은 매출에서 비용을 제하여 계산한다.

    제품과 서비스의 구성과 고객과의 접점 방식이 정해지면 투입될 비용을 대략 추정해볼 수 있다. 비용은 고정비와 변동비로 나뉘는데, 고정비는 매출이 변해도 똑같이 들어가는 비용이다. 독립 매장이라면 매장 시설 구입

비, 온라인 사이트 구축비, 월 임대료, 직원 급여, 자신의 기대급여 등이 고정비에 속한다. 변동비는 매출과 함께 변하는 비용으로, 상품 구입 비용이나 재료비가 여기에 해당한다. 비용을 예측해 보는 것은 매출에 비하면 상대적으로 쉽다. 꼼꼼히 따져본다면 거의 모든 비용을 미리 뽑아낼 수 있다.

하지만 매출을 예측하는 것은 비용처럼 명확하지 않다. 사업 시작 전에는 매출은 예측한다기보다 목표하는 것에 가깝다. 제품과 서비스에 얼마의 가격을 책정하고, 어느 정도 팔아야 이익을 낼 수 있는지, 몇 명의 진정한 팬이 필요한지 가늠해 볼 수 있다. 이때는 매출 증가에 따라 변동비도 함께 증가시키며 이익을 따져봐야 한다. 회계적으로 정확한 수치를 계산하는 것은 전문가에게 맡기는 것이 좋다.

한 명의 팬이 일 년 동안 일으킬 수 있는 매출이 나오면 몇 명의 팬을 확보해야 하는지 대략 계산할 수 있다. 그러면 동네 사업으로도 유지될지, 도시 또는 지역 범위로 확장해야 할지, 아니면 전국이나 전 세계 고객까지 필요한지도 추정해 볼 수 있다. 이것은 사업 형태나 마케팅 범위에도 영향을 준다.

'한국식 현대미술'이라는 삶의 키워드를 가진 사람이 있다고 하자. 그는 대학에서 미술을 전공하고 출판사에서 편집 일을 해왔다. 그에게는 한국 전통의 미를 현대적으로 해석한다면 세계적인 관심과 더불어, 하나의 라이프 스타일로 자리잡을 수 있다는 믿음이 있다. 그래서 이것을 사업화하기로 결심했다. 원래는 이태원에 갤러리를 열어볼 생각이었으나 임대료가 너무 비싸 엄두가 나지 않았다. 대신 뜨기 시작한다는 성수동에 작은 가게를 임대했다. 그리고 갤러리 겸 서점 겸 카페인 라이프스타일 샵을 열었다. 그간 자신이 수집해온 한국 현대미술과 한국의 미에 대한 전문서적을 전시하고, 자신이 아는 갤러리 몇 곳에 연락해 샵인샵 형태로 매장 안에 갤러리를 두었다. 전시할 그림은 자신이 직접 선택했다. 카페 이름과 외관도 자신이 좋아하는 한국 현대미술 작품에서 모티브를 얻어 적용했다. 내부 인테리어도 한국적 패턴과 여백의 미를 강조했다. 근처 화원의 협찬을 받아 카페 안에서는 사시사철 초록을 볼 수 있도록 했다. 이 공간으로 들어오는 순간 아담하고 아늑한 절에 온 것 같은 느낌이 들도록 만들었다. 또한 간단한 한글과 영문 홈페이지도 만들어, 카페 마케팅 겸 협찬 기업들을 홍보했다. 카페 찻잔은 한국적이면서 모던한 디자인을 직접 그려 도자기 공방에서 제작해 왔고, 전통차를 현대적으로 개량한 메뉴도 개발했다.

독특한 인테리어와 아름다운 메뉴 덕분에 카페는 소셜 네트워크에서 입소문을 타고 인기를 얻었다. 덩달아 외국인 방문도 늘었다. 그림이나 미술 서적도 괜찮은 수입원이 되었다. 그는 자신의 라이프스타일 제안을 확장하기로 했다. 옆 가게를 추가로 임대해 하나로 트고 한국미술 강습 공간을 만들어, 저녁시간에 성인을 대상으로 한국미술을 가르쳤다. 카페와 학원을 한 공간에 두는 것에 대해 걱정했지만, 의외로 이것은 카페 손님에게 새로운 경험을 주었다. 작품의 제작 과정을 지켜볼 수 있어서 그림이 예약 판매되기도 하였다. 학원에서 나온 좋은 작품은 카페에 걸어 팔아 주기도 한다. 카페의 손님이 학원 수강생이 되고, 수강생들은 카페로 이동해 화가나 다른 수강생의 그림을 산다. 먹이나 벼루 같이 좋은 제품을 선별하기 어려운 물건은 자신이 직접 써보고 선별해 판다. 그는 틈틈이 글도 쓰고 그림도 그린

사진은 한식당 가온의 인테리어

다. 자신의 책이 나오면 카페 고객과 학원 수강생을 대상으로 판매도 할 수 있을 것이고, 자신의 그림도 카페를 통해 팔 수 있다. 그림 중에 고객들이 유독 좋아하는 화가의 작품은 화가의 동의를 얻어 디자인 소품으로 제작해 독점 판매한다. 카페 분위기를 좋아하는 사람이라면 이런 소품 구매를 주저하지 않는다. 이 한국적이면서 독창적인 소품은 해외 온라인 쇼핑몰을 통해서도 판매한다. 인기가 올라가면서 백화점과 면세점에서도 제품 문의가 온다.

이것은 라이프스타일 비즈니스의 확장성을 보여주기 위한 이상적인 시나리오다. 사업 모델은 처음 계획과 달리 사업을 운영하면서 다양한 형태로 변할 수 있다는 것을 전제해야 한다. 처음 시작했던 갤러리 카페 형태를 계속 유지할 수도 있지만, 자신의 제안을 좀 더 충실히 보여주고, 고객의 삶을 더 풍요롭게 하는 형태로 진화해 가는 것이 바람직하다. 일단 팬이 모이기 시작하면 팬을 기반으로 제안은 확장되고, 그 덕분에 팬이 더 늘어나는 선순환 구조를 만들 수 있다.

34 라이프스타일 고객 확인하기

사업 모델이 완성된 후 바로 사업에 착수하기보다는 사전에 사업을 테스트해 보는 것이 좋다. 스스로 생각하기에 사업이 아무리 매력적이어도 그렇게 생각해주는 사람이 없다면 사업은 실패한다. 이 단계는 자신의 라이프스타일 비즈니스의 시장성을 확인하고 사업 모델을 보완할 수 있는 기회를 제공한다.

가장 좋은 테스트 방법은 간이 방식으로 실제 사업모델을 구현해 보는 것이다. 프라이빗 식당이라면 자신의 집이나 공간을 대여해서 지인들이나 소셜 네트워크를 통해 모은 고객들을 대상으로 서비스를 제공해 볼 수 있다. 지인이라도 자신이 정한 가격을 받아서 가격 대비 가치를 확인해 본다. 창작물이나 제품이라면 시제품을 소량으로 제작해 팔아보는 것도 도움이 된다. 또는 블로그나 커뮤니티 웹 페이지를 만들어 콘텐츠를 제공하여 온라인에서 먼저 팬을 확보하는 방법도 있다.

이런 시도가 불가능하다면 잠재고객과의 인터뷰를 통해 사업을 검증해

볼 수 있다. 잠재고객을 찾아 직접 만나서 대화를 한다. 설문지로 조사하는 방식에는 한계가 있다. 설문으로는 고객의 진의를 파악하기 어렵고, 조사에서는 만족스럽다고 답했지만 실제 상품화되었을 때는 등을 돌리는 경우도 많기 때문이다. 구체화된 사업모델을 가지고 자신의 팬이 될 만한 고객을 만나야 한다. 이 단계에서 잠재고객을 만날 수 없다면 사업 시작 후 진짜 고객도 만나기 어렵다.

잠재고객과의 만남이 이루어지면 간단한 취지 설명 후 고객의 라이프스타일을 먼저 확인한다. 이때 현재의 라이프스타일과 추구하는 삶의 모습도 파악한다. 만약 자신의 사업과 고객의 라이프스타일이 같다면, 사업 모델을 간단히 설명한다. 이때 사업 내용을 시각적으로 보여줄 수 있다면 더 좋다.

인터넷에서 비슷한 매장이나 제품 사진을 검색할 수도 있고, 시제품을 보여 줄 수도 있다.

사업을 설명한 후에는 고객의 의견을 가급적 많이 듣도록 한다. 고객이 부정적인 의견을 제시하더라도 설득하려 하지 말고 우선 경청한다. 지적하지 말고 왜 그렇게 생각하는지 조심스레 묻는다. 고객의 표정과 행동까지 세심하게 살펴서 말로 표현하지 못하는 진의까지 파악한다. 내용 정리는 인터뷰가 끝난 직후 기록한다. 선물 등을 먼저 주면 상대가 우호적으로 이야기할 가능성이 있으니 피한다.

즉석에서 고객의 의견을 반영한 사업 모델을 다시 제안해 보고, 만족도를 확인해 본다. 얼마나 자주 들를지, 어느 정도 구매할지를 확인한다. 가격이 적정한지도 확인한다. 가격은 처음 금액을 제시하면 비싸다고 하지만, 가치를 설명하면 받아들이는 수준이 적당하다. 고객 호응이 좋다면 그 자리에서 환불을 전제로 사전 판매를 해볼 수 있다. 이것은 고객이 진심으로 이런 라이프스타일 제안을 원하는지 확인할 수 있는 좋은 방법이다. 사전 구매를 하는 고객이라면 나중에 팬이 될 가능성이 높다.

관심 고객들의 이메일 등 연락처 정보를 수집할 수 있는 랜딩 페이지를 제작하는 것도 좋은 테스트 방법 중 하나다. 랜딩 페이지란 사업 추진 전에 사업의 내용과 고객이 얻을 수 있는 혜택을 설명한 한 장짜리 웹 페이지다. 한 장이라고는 하지만 스크롤을 통해 내려볼 수 있는 형태로, 복잡한 링크나 많은 텍스트보다 이미지나 동영상을 주로 사용해 방문자들이 쉽게 이해할 수 있도록 만든다. '워드프레스Wordpress.com'나 '윅스Wix.com', '클릭퍼널스

다양한 테마를 활용하여 홈페이지나 랜딩페이지를 쉽게 만들 수 있는 워드프레스(wordpress.com) 홈페이지

Clickfunnels.com'처럼 랜딩 페이지를 쉽게 만들 수 있는 인터넷 서비스도 있으니 활용해 보자. 랜딩 페이지가 완성되면 소셜 네트워크를 통해 알리고 잠재고객의 반응을 살펴볼 수 있다. 연락처를 남긴 사람 중 몇 사람을 직접 만나보는 것도 도움이 된다.

가급적 많이 네스드하고, 많은 잠재고객들을 만날 것을 추천한다. 이것은 사업 모델을 보완하고 실패의 리스크를 줄여주는 기회도 되지만, 팬을 미리 확보하는 효과도 있다. 잠재고객들은 향후 고객과 팬이 될 수 있는 유력한 후보자이다. 이들에게 기대감을 갖게 하는 것은 사업을 시작했을 때 홍보 효과로 돌아온다. 이 단계는 미래 고객을 얻기 위한 사전 영업 단계로 생각해도 좋다.

35. 작게 시작해 크게 만들기

잠재고객 확인까지 마쳤다면 이제 사업에 착수할 때다. 처음부터 완성된 형태로 크게 시작하기보다는 고객 확인 단계를 통해 잠재고객의 기대감과 만족도가 높았던 한두 가지로 시작하는 것이 좋다. 처음부터 너무 많은 투자와 재고 부담을 가지고 시작하면 제안의 변화가 힘들어진다. 제품 구성을 바꾸고, 서비스 형태를 개선하려면 처음부터 너무 무겁게 시작하지 않는 것이 좋다.

라이프스타일 비즈니스는 고객과의 소통을 통해 끊임없이 발전하고 변하는 형태가 바람직하다. 그래야 고객이 호기심을 갖고 자주 찾게 되고, 매장을 방문하는 행위 자체를 자신의 라이프스타일로 수용하게 된다. 일 년 내내 같은 제안만 유지한다면 이미 그 제안을 구매한 고객은 더 이상 매장을 찾지 않게 된다. 제안 내용의 지속적인 변화와 진화는 라이프스타일 비즈니스에 있어서 매우 중요한 요소다. 이케아는 쇼룸 구성을 정기적으로 바꾸고, 무인양품은 의식주로 영역을 확장하고 있다.

1년 뒤에 재고로 스트레스를 받지 않으려면, 쉽게 변화, 진화할 수 있는 구조를 처음부터 만들어야 한다. 비용이나 재고에 연연하지 않고 제안 구성을 변경하고 확장할 수 있는 방법을 고안해야 할 것이다. 협찬이나 위탁 판매도 그러한 방법 중 하나다. 또는 재고를 쉽게 처분할 수 있는 거래처를 미리 마련해 두는 것도 방법이다.

변화와 진화의 방향은 고객으로부터 나와야 한다. 고객과 속내까지 터놓은 대화는 매우 중요하다. 라이프스타일 브랜드에 있어서 고객과의 속 깊은 소통은 제품에 대한 불만이나 개선 의견의 차원을 넘어선다. 고객의 관심사, 취미, 최근 여행의 소감 등 라이프 전반으로 범위가 확대된다. 그 속에서 새로운 제안이 도출되고, 예상치 못한 제안으로 고객을 감동시킬 수 있다.

라이프스타일 비즈니스에서 팬, 단골은 매우 중요한 요소다. 단골은 라이프스타일 샵이 자신의 삶의 일부가 된 사람들이다. 따라서 단골은 재방문율, 재구매율이 매우 높다. 단골은 라이프스타일 제안을 진화, 발전시키는 아이디어의 원천이며, 새로운 제안을 가장 먼저 구매하는 테스터들이다. 단골은 자신과 같은 라이프스타일을 가진 지인들에게 자신의 소비 경험을 알리고 자랑하는 마케터이자 영업사원이다. 단골을 만들고 유지시키는 것은 라이프스타일 비즈니스의 핵심 활동이다.

단골을 찾아내고 유지하는 좋은 방법 중 하나는 콘텐츠를 제공하는 것이다. 특정 라이프스타일의 풍요로운 삶을 위한 유익한 정보를 지속적으로 제공해 주는 것이다. 자신이 직접 작성할 수도 있지만 그 외에도 다양한 방법이 있다. 그런 면에서 책은 매력적인 콘텐츠다. 츠타야 서점은 책이라는 콘텐츠를 통해 고객을 새로운 제안으로 끌어들인다. 킨포크도 잡지로 시작하여 단행본 도서로 라이프스타일을 제안한다. 귀네스 팰트로도 유익한 라이프스타일 정보를 주는 주간 뉴스레터로 시작하였다.

세계에는 다양한 라이프스타일을 지원하는 수많은 잡지들이 있다. 잡지 자체나 잡지의 내용들도 좋은 콘텐츠가 된다. 콘텐츠가 인터넷에서 쉽게 전달될 수 있는 형태로 제작된다면 새로운 팬을 발굴하는 데 도움이 된다. 억지로 강요하는 푸시 마케팅이 아니라, 고객이 스스로 찾아오는 풀 마케팅인 것이다. 스스로 제작한 콘텐츠라면 콘텐츠 자체가 하나의 제품이 될 수도 있다. 정기적인 무료 콘텐츠는 적은 노력으로 큰 가치를 줄 수 있는 효과적인 라이프스타일 제안이다.

온라인 쇼핑의 발전으로 동일한 제품의 가격을 비교하여 더 싸게 파는 구입처를 찾는 방법이 쉬워졌다. 매장에서 제품을 살펴보고 온라인에서 더 싼 곳을 찾아 구매하는 쇼루밍족이 많아지고 있다. 사업자가 시간과 노력을 들여 큐레이션한 상품을 더 싼 곳에서 구매하는 이들은 라이프스타일 비즈니스가 풀어야 할 숙제다.

자신이 창작한 것이나 서비스 형태라면 문제가 없지만, 제품번호가 있는 상품들은 이런 리스크에 쉽게 노출된다. 이런 경우 기존 제품을 라이프스타일에 맞게 변형하여 희소 가치를 높이는 방법도 있다. 도색이나 장식, 전문적인 기능 튜닝을 통해 추구하는 라이프스타일이나 고객에게 더 적합한 형태로 만드는 것이다. 용기와 장식만 별도 구매한 디퓨저라든가, 기존 향초를 녹여 새로운 용기에 담은 향초 같이 고객 취향에 맞게 변형할 수 있다. 또는 제품번호가 없거나, 있더라도 구매가 어려운 제품들이 있다. 특정 국가나 지역의 쇼핑몰에서만 판매되는 제품을 검색하고 구입하는 노하우도 희소한 가치가 될 수 있다. 패턴 카펫이나 러그처럼 쉽게 검색이 안 되는 제품도 좋다. 또는 카페에서나 쓰는 고급 에스프레소 머신처럼 일반 소비자는 쉽게 구입할 수 없는 고가의 장비를 구매해 고객에게 임대해 주는 서비스 형태도 가능하다. 하지만 고객이 단골이 되면 사업자의 수고와 노력을 인정하고 인터넷 최저가보다 다소 비싸더라도 믿고 구매하게 된다. 반대로 단골에게는 제안의 풍부함과 고객 만족 차원에서 상용 제품을 최저가로 구매해 마진 없이 되파는 혜택을 제공할 수도 있다.

라이프스타일 제안은 국경을 넘어 적용되기 쉬운 사업 모델이다. 글로벌 소셜 네트워크 발달로 쉽게 전파도 가능해졌고, 자동 번역 기술로 언어의 장벽도 빠르게 무너지고 있다. 글로벌 범위의 쇼핑몰에 대한 진입장벽도 점차 낮아지고 있어서 지역 기반의 사업이 성공적이었다면 글로벌 확장에 도전해 볼만하다. '쇼퍼파이Shopify.com'나 '클릭퍼널스Clickfunnels.com' 같은 글로벌 온라인 쇼핑몰 플랫폼을 활용하면 쉽고 빠르게 자신의 쇼핑몰을 만들 수 있다. 요즘에는 온라인 아이디로 자신의 이메일 주소를 사용하는데, 이메일 고객 목록을 관리하고 로그인 상태나 메일 전송을 예약해두는 기능을 제공하는 '에이웨버Aweber.com' 같은 서비스를 이용하면 편리하다.

　오프라인 매장을 기반으로 한 비즈니스라면 매장에 방문하는 고객 범위를 전 세계로 확대할 수도 있고, 매장 자체를 세계 도시들에 추가로 오픈할 수도 있다. 또는 매장 경험을 제품화해서 온라인으로 판매하는 것도 방법이다. 배드 파머스는 주스를 직접 배달하거나 편의점을 통해 유통하고, 홍콩의 모요는 퓨전 한식 도시락을 온라인을 통해 판매한다.

　라이프스타일 비즈니스는 자신의 라이프스타일을 살려 작게 시작할 수 있는 사업 모델이나. 충분한 수익만 된다면 작은 규모로 유지해도 좋지만, 원한다면 여러 가지 방법으로 확장시킬 수 있다. 라이프스타일 비즈니스는 자신의 꿈을 이루면서 동시에 같은 꿈을 꾸는 사람들의 삶도 풍요롭게 해주는 행복 비즈니스다.

진정한 라이프스타일 비즈니스는
더욱 행복한 삶을 만든다

'나로 살아가기'를 시작하기란 참 어려운 일이다. 우선 '나로 산다'는 것이 무엇인지 정하기도 어려울 뿐만 아니라, 나로 살면서도 행복할 수 있을지에 대한 걱정을 떨쳐버리기도 쉽지 않다. 하지만 일단 나로 살기 시작한 사람들은 한결같이 말한다. "나로 살길 잘 했다"고, "지금이 행복하다"고. 그것은 꼭 회사를 나와서 개인사업을 해야 한다거나, 돈을 포기해야 하는 것은 아니다. '나로 산다'는 것은 내가 소중하게 생각하는 것을 지키고 더 아름답게 가꾸며 사는 것이다. 같은 생각을 가진 사람들이 모이면 회사가 되고, 다른 사람들이 그것을 좋아해주면 돈도 자연히 따라온다.

이 책을 쓰면서 세상에는 참 많은 라이프스타일 비즈니스가 존재한다는 것을 알게 되었다. 이 사람들에게는 삶이 곧 비즈니스고, 비즈니스가 삶의 중요한 일부가 된다. 사례를 조사하면서 단지 성공 요인만 보지 않고 창업자의 삶을 함께 살피려고 노력했다. 그들의 삶을 살피다 보면, 그 사람이 그 일을 하는 것은 너무나 당연한 결과처럼 느껴졌다. 그리고 그가 다음에 어떤 일을 벌일지도 예상할 수 있었다.

라이프스타일 기업도 마찬가지였다. 그 기업다움, 그 브랜드다움은 기업과 브랜드가 이익보다 소중하게 지키고 발전시키려는 가치에 달려있었다. 모든 기업이 이윤을 추구할 때 내 고객에게 소중한 것을 함께 지켜가려는 기업은 희소하다. 희소한 것은 비교되기 어렵다. 반면에 그렇지 않은 기업들은 끊임없이 비교되고 경쟁한다.

라이프스타일 기업들은 모든 사람을 고객으로 만들려고 애쓰지 않았다. 짧은 기간만이라도 가능한 많은 사람들이 제품을 사게 만들려는 것이 기존의 마케팅 방법이다. 히트상품은 이런 개념이다. 하지만 라이프스타일 기업은 히트상품 대신에 일부 고객들과 평생의 관계를 가지려 한다. 대신 이 고객들은 물건을 사주는 사람이 아니라 가치를 함께 지켜가는 동반자와 같은 개념이다. 또한 이곳의 직원들이야말로 충성스런 고객이며 강력한 지지자이다. 그래서 이들 기업은 기존의 마케팅 전략보다 가치를 지키는 일을 더 즐긴다.

진정한 라이프스타일 비즈니스는 투명하고 건강하다. 그리고 따뜻함마저 느껴진다. 어떤 곳에는 함께 일하고 싶다는 생각이 들기도 했다. 굳이 국민소득 수준을 따져가며 가능성을 언급하지 않더라도 이것이 미래 비즈니스 모델이라는 확신이 들었다. 무엇보다 라이프스타일 비즈니스는 더 행복한 세상을 만들 수 있을 것 같다.

이 사례들은 개인적으로 남은 나의 삶을 어떻게 살아가야 할지에 대한 아이디어와 앞으로 나아갈 수 있는 용기를 주었다. 이 책은 그런 아이디어와 용기의 결과물이다. 이 책을 통해 나의 라이프스타일 제안을 소개할 수 있게 된 것에 진심으로 감사하며, 주변에서 행복한 라이프스타일 비즈니스들을 더 많이 발견할 수 있기를 기대한다.

라이프스타일 비즈니스가 온다

1판 1쇄 인쇄 | 2018년 2월 12일
1판 1쇄 발행 | 2018년 2월 20일
1판 7쇄 발행 | 2022년 11월 15일

지은이 최태원
펴낸이 김기옥

경제경영팀장 모민원 **기획 편집** 변호이, 박지선
커뮤니케이션 플래너 박진모
경영지원 고광현, 임민진
제작 김형식

인쇄·제본 민언프린텍

펴낸곳 한스미디어(한즈미디어(주))
주소 우편번호 121-839 서울특별시 마포구 양화로 11길 13 (서교동, 강원빌딩 5층)
전화 02-707-0337 | **팩스** 02-707-0198 | **홈페이지** www.hansmedia.com
출판신고번호 제 313-2003-227호 | **신고일자** 2003년 6월 25일

ISBN 979-11-6007-231-0 (13320)

책값은 뒤표지에 있습니다.
잘못 만들어진 책은 구입하신 서점에서 교환해 드립니다.